DRA. ISABEL GÓMEZ-BASSOLS

Pensamientos

Conocida como "El Ángel de la Radio", la Dra. Isabel Gómez-Bassols es anfitriona en Univision Radio del programa de consejos en línea *Doctora Isabel*. Es autora de siete libros, incluyendo *Los 7 pasos para ser más feliz, El cuaderno acompañante de* Los 7 pasos para ser más feliz y *Los 7 pasos para el éxito en el amor*. La Dra. Isabel reside en Miami, Florida, y es madre y abuela orgullosa de cuatro hijos y seis nietos.

OTROS LIBROS DE

LA DRA. ISABEL GÓMEZ-BASSOLS

¿Dónde están las instrucciones para criar a los hijos?

Los 7 pasos para el éxito en el amor

Los 7 pasos para el éxito en la vida

Los 7 pasos para ser más feliz

El cuaderno acompañante de Los 7 pasos para ser más feliz

La canción de Gabriela: ¿Cómo me adapto a un lugar nuevo?

Pensamientos

Pensamientos

PALABRAS QUE ILUMINAN EL CAMINO

DRA. ISABEL GÓMEZ-BASSOLS

VINTAGE ESPAÑOL
Una división de Random House, Inc.
Nueva York

PRIMERA EDICIÓN VINTAGE ESPAÑOL, NOVIEMBRE 2009

 Publicado en los Estados Unidos de América por Vintage Español, una división de Random House, Inc., Nueva York y en Canadá por Random House of Canada Limited, Toronto.

Permisos para reproducir material anteriormente publicado se encuentran en la página 231.

Biblioteca del Congreso de los Estados Unidos
Información de catalogación de publicaciones
Gómez-Bassols, Isabel.
Pensamientos : palabras que iluminan el camino / by Isabel Gómez-Bassols.
p. cm.
ISBN: 978-0-307-39082-0
1. Self-actualization (Psychology). I. Title.
BF637.S4G646 2009
158.1—dc22
2009027153

Diseño del libro de Ralph Fowler

www.grupodelectura.com

Impreso en los Estados Unidos de América
10 9 8 7 6 5 4 3 2 1

Contenido

Introducción

Todos los días, al final de mi programa de radio, leo una historia, un poema o cuento —una anécdota que me ha servido como lección en la vida. Con el paso de los años, me he dado cuenta que estas historias, que son mi fuente de inspiración, se han convertido también en algo muy importante para ustedes, mis oyentes. Todos los días recibo montañas de cartas y correos electrónicos diciéndome cuánto les gustan mis pensamientos, y a veces hasta comparten conmigo sus propias historias. Gracias a todos por su apoyo y entusiasmo.

Para mí estas historias son la ocasión para tomarse un momento en el día y reflexionar acerca de la vida, lo aprendido y lo que queda por aprender. Me hace pensar en el camino que he recorrido hasta llegar a donde estoy, y me ayuda a ver más claramente hacia dónde quiero ir. Se las ofrezco a ustedes, mis oyentes, para que ustedes también encuentren inspiración en estas vivencias e historias, ya sean reales o inventadas.

Este libro nace de mi voluntad de compartir estas historias con ustedes. Son las que más me han conmovido, las que repito una y otra vez, las que ustedes me reclaman y hasta algunas son las que ustedes mismos me han confiado. Las he reunido todas aquí, en este pequeño libro, para que ustedes también puedan releerlas y disfrutarlas en cualquier lugar, en cualquier momento.

He dividido el libro en siete capítulos, cada uno representando uno de los aspectos con los que más luchamos en nuestras vidas. Ya sea la **actitud** con la que enfrentamos las cosas, los **valores** que rigen nuestro comportamiento, la **compasión** que siempre nos falta, el **perdón** que necesitamos otorgar, el **amor** que damos y recibimos o la necesidad que sentimos de reinventarnos y **renacer,** estos pensamientos nos ayudarán a comprender mejor la vida, las **lecciones de la vida** que nos enseña en todas sus sutilezas y en todo su esplendor. Nos ayudarán a ver el camino que se ilumina ante nosotros para llevarnos hacia una vida más plena, más significativa y más feliz.

Pensamientos se puede leer de principio a fin, como

también se puede leer por partes; y me atrevo a decir que esta última es la mejor forma. Cada pensamiento está hecho para ser leído, comprendido, analizado y saboreado. Se puede leer capítulo por capítulo, o se puede saltar de uno a otro. Lo importante es que cada cual encuentre una historia que le ilumine el momento por el que está pasando. Al comienzo o al final de cada historia encontrarás un pensamiento mío, un pequeño comentario o análisis que te ayudará a interpretar lo que has leído y aplicarlo a tu propia vida. Te invito a que tomes un momento para leer cada uno de estos pensamientos y te dejes llevar por tus propias interpretaciones.

Espero que estas historias te traigan todo el consuelo, la inspiración y la energía para vivir cada día que pasa con toda la generosidad, la honestidad, el positivismo y la compasión que requiere. Disfruta de cada momento que pasa. Llora tus tristezas y celebra tus alegrías; haz de tu existencia una obra maestra.

Con todo mi cariño,
Dra. Isabel

Actitud

Desde la perspectiva de un especialista la *actitud* puede definirse como el estado de disposición de una persona ante determinadas circunstancias. La actitud está conformada por varios componentes:

1. el componente *cognoscitivo*, es decir los conocimientos que cada persona va asimilando por diferentes vías;

2. el componente *afectivo*, o lo que comúnmente se le llama sentimientos, que pueden ser favorables a adversos, hacia alguien o algo, y finalmente,

3. el componente *conductual,* que es en definitiva cómo se manifiesta nuestro comportamiento.

Los conocimientos

La actitud

El comportamiento **Los sentimientos**

¿De dónde vienen nuestras actitudes?

Es común preguntarnos por qué tenemos ciertas actitudes en la vida. A veces percibimos una situación de una manera determinada, quizás no de la misma en la que la percibirían otras personas. Para comprender lo que hace para que tengamos cierta actitud ante la vida, debemos realizar un ejercicio de observación y para descubrir en nuestra mente todo un "programa" donde aparecen registrados todos los factores que entran en juego. Lo que llamamos "programa" comienza a construirse o conformarse desde edades muy tempranas; es incluso posible que hasta la etapa que vivimos en el vientre de nuestra madre esté todavía grabada en nuestra mente.

Siendo así, ¿a qué se debe el esquema que mostramos como nuestras actitudes?

Al principio de la existencia, las actitudes se van moldeando por cosas tan esenciales y fundamentales como la satisfacción de tus necesidades, y con ello la definición de los gustos. Por ejemplo, si de pequeño te hizo falta el cariño de uno de tus padres, es posible que de adulto andes por el mundo con un sentimiento de carencia, tanto afectiva como en otros aspectos de tu vida. Asimismo, las influencias culturales a las cuales estés expuesto, tu entorno familiar, el credo o religión que se profese en ese núcleo y todas las experiencias que has ido acumulando a lo largo de tu vida van conformando, influenciando y moldeando lo que hoy en día constituye tu actitud.

Este conjunto de información, que en el cerebro se acumula igual a como lo hace el disco duro de una computadora, te va indicando en cada momento y ante cada evento no sólo cómo percibir las distintas situaciones, sino también cómo puedes vivir, ya sea feliz y en paz, o lleno de emociones negativas provocadas por temores infundados.

Las actitudes se van moldeando por cosas tan esenciales y fundamentales como la satisfacción de tus necesidades y con ello la definición de los gustos. Las influencias culturales, tu entorno familiar y la religión que se profese en ese núcleo también van moldeando lo que hoy en día constituye tu actitud.

¿Cómo podemos modificar nuestras actitudes?

Si tomamos todo esto en cuenta, naturalmente se impone una pregunta: ¿Qué podemos hacer entonces para modificar la información que traemos archivada en nuestro "disco duro"?

Primero, si somos capaces de valorar que la actitud con la que vamos por la vida nos está causando dolores, preocupaciones, ira y frustraciones, estaremos dando el primer paso para cambiar esa realidad y alcanzar algo diferente.

Para cambiar nuestra actitud, debemos antes que nada tomar una decisión consciente de cambiar nuestra forma de pensar y de actuar. El primer paso en ese camino es comprendernos a nosotros mismos.

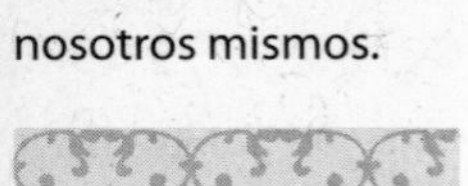

Para cambiar esas experiencias negativas y transformarlas en algo que puede impactar nuestra actitud de manera positiva, debemos ser capaces de reconocer que tenemos que cambiar nuestra forma de pensar y, consecuentemente, de actuar. El primer paso en ese camino es comprendernos a nosotros mismos. Conociéndonos mejor a nosotros mismos afirmamos nuestra intención de cambio y ascendemos a un estado de sabiduría.

Muchas veces pensamos que nuestra vida no es bonita, que le falta algo, que hemos errado, y quizás hasta que no vale la pena. Sin embargo, aceptar nuestra vida, tal y como es, es lo que nos libera. Tenemos que aprender a aceptar nuestra situación, verle el lado bueno a las cosas —pues créeme, *siempre* hay un lado bueno— y hacer lo mejor que se puede con las circunstancias en las que estamos.

Por último, es importante detenernos a mirar cuál es nuestra verdadera intención, pues con ella definiremos el punto de partida para un verdadero cambio que será el que nos libera de creencias y actitudes equívocas o tóxicas.

Si ciertamente deseas una transformación en tu vida, tienes que ser capaz de comenzar a observar tus pensamientos, sentimientos, emociones, acciones y hasta las palabras con las que te diriges a los demás. Comienza a fijarte en la manera en que hablas, analiza cuál es el sentimiento que te impulsa antes de actuar o manifestarte. ¿Qué lo impulsa y de dónde sale? ¿Es válido? Al observar el sentimiento o las creencias que están detrás de lo que sientes, podrás comenzar a evaluar tus actitudes, y ahí comenzar a operar un cambio consciente y verdadero.

Si ciertamente deseas una transformación en tu vida, tienes que ser capaz de comenzar a observar tus pensamientos, sentimientos, emociones, acciones y hasta las palabras con las que te diriges a los demás. Tenemos que evaluar nuestra conducta en sociedad y las reacciones generales que tenemos a cualquier situación.

Algunas áreas en las que debemos examinar nuestras propias actitudes son las relaciones interpersonales, nuestro comportamiento en el trabajo, las relaciones con nuestra pareja y hasta la forma en que hacemos el amor. Tenemos que evaluar nuestra conducta en sociedad y las reacciones generales que tenemos a cualquier situación. Esta amplia panorámica nos permite un análisis realista para determinar dónde y cómo comenzar el cambio.

En resumen, es a partir de la observación, aceptándonos, conociéndonos a nosotros mismos y tomando la disposición de una transformación positiva que podemos mejorar nuestras actitudes.

Las herramientas o recursos a nuestro alcance serán las lecturas, la recepción de mensajes positivos, todos cuanto más puedan ser, para sacarnos del estancamiento y además mantener el compromiso de seguirlos alimentando. De esa forma lograremos transformar una historia de experiencias negativas en lecciones, y el presente en impresiones que seremos capaces de comprender mejor.

Lo que podemos aprender de las actitudes de la Madre Teresa

Una mujer que fue —y sigue siendo— un ejemplo para el mundo, la Madre Teresa de Calcuta, desde su pensamiento religioso, esbozó que lo más importante en la vida, aunque los años hayan pasado, es conservar nuestras fuerzas, nuestras convicciones y la salud de nuestro espíritu. Pero además, nos recordó que por cada logro o peldaño que escalemos en cualquier esfera, nos corresponde enfrentar un nuevo desafío.

Aquella sabia y humilde mujer que dedicó su vida al bien de los necesitados, aseguraba que en lugar de permitir que nos tengan lástima, lo que debemos inspirar ante los demás con nuestro actuar es el respeto. Además, nos sugirió que en las diferentes etapas de la vida, actuemos y nos entreguemos con lo mejor que haya en nosotros.

Vivir cada día como si fuera el último

El principio que permite guiar saludablemente nuestras acciones consiste en vivir cada día como si fuera el último. No posponer propósitos ni la entrega de afectos; no permitirnos graves errores pensando que los corregiremos mañana; definirnos metas y esforzarnos por cumplirlas; compartir con quienes queremos y no dejar que se enfríen las relaciones; retribuir con agradecimiento cualquier gesto; vivir el presente y utilizar el pasado sólo como referencia de lo aprendido. Esas son las principales bases que deben conducir nuestras actitudes.

Pero ¡ojo! No sobra aclarar la importancia de vivir cada día como si fuera el último, pero hacerlo siempre pensando en los demás. La noción de *carpe diem* —que en latín significa "aprovecha cada día"— ofrece un modelo de vida según el cual vivimos sin arrepentimientos, pero eso no quiere decir que vivamos sin consecuencia. La vida debe, por supuesto, vivirse con plenitud, pero debemos estar siempre atentos al efecto que tienen nuestras acciones sobre los demás y por supuesto sobre nosotros mismos. Debemos cuidarnos de actitudes extremas que pudieran ser dañinas o destructivas para concentrarnos en alimentar nuestras vidas con una espontaneidad siempre *positiva.*

Para obtener provecho de nuestras actitudes debemos liberar el espíritu de rencores y odios que truncan el progreso de la vida.

La prisa de la vida moderna nos desvía de la atención de las amistades, del cariño de quien nos ayuda. Un rasgo imprescindible que debemos siempre aspirar a incorporar en nuestras actitudes cotidianas es entregar amor, para poder recibirlo a cambio.

¿Quién te asegura que tendrás tiempo para enmendar todas tus faltas? ¿Quién te asegura que mañana tendrás una vida para entregar suficiente amor y que cuando no estés te recordarán por la huella que dejaste?

Te aseguro que la vida ofrece oportunidades para enmendar errores. Lo importante es que sepas aprovecharlas manteniendo siempre una actitud fuerte, positiva y generosa.

Pensamientos e historias

La actitud de no temer a los comienzos

> *"Caminante no hay camino, se hace camino al andar..."*
>
> —Antonio Machado, poeta español del siglo XIX

Seguramente alguna vez en la vida te habrá ocurrido que concibes un proyecto, lo anhelas, y como todo propósito, comenzarlo implica riesgos y sacrificios. No pienses que por no haber diseñado un esquema perfecto tendrás que dejar de un lado tu plan. Las cosas se aprenden a medida que las vas haciendo, y es en el camino que irás recorriendo que encontrarás las respuestas a las preguntas que te irán surgiendo. Nadie nace sabiéndolo todo; es la vida la que se encarga de irnos enseñando. ¡Y eso es lo que la hace tan bella! Cada cual va construyendo su propio camino, y es la actitud con la que enfrentes esta tarea la que lo irá moldeando y convirtiendo en la vida que tú decidas llevar. Eres tú quien decide qué tan feliz querrás ser en tu vida pues eres tú quien decide con qué ojos y con qué actitud enfrentarás la vida. No puedes controlar las circunstancias exteriores, pero sí puedes controlar la manera en que reaccionas a ellas. Avanza por la vida con la cabeza siempre en alto: por más trabajo que te cueste, las metas que te propones, las alcanzarás.

La piedra

El objeto aparentemente más insignificante y menos necesario, que a veces muchos desechan, puede en tus manos convertirse en un gran tesoro, dependiendo de si eres capaz de descubrir en él lo bello y lo útil.

> *Una simple piedra puede servir de tropiezo en la ruta de los que van por el mundo sin percibir lo que tienen a su alrededor. Asimismo, una persona iracunda y*

rencorosa la puede tomar en sus manos para agredir a otro en un arranque de cólera. Pero quien se percata de su dureza y resistencia se da cuenta del valor que puede tener para construir algo. Quien se encuentra agotado después de un largo día de trabajo y encuentra una piedra, aprecia la opción de tomarla como asiento. Y un niño, porque sabe ver el mundo de manera diferente, puede llegar a servirse de ella para hacerla salpicar en un lago donde la piedra forma bellos círculos concéntricos.

La piedra puede servir también como arma de defensa para el más débil. Recordemos la leyenda del pequeño David, que venció al gigante Goliat con una piedra que diestramente le disparó con su honda.

Miguel Ángel, el escultor renacentista italiano del siglo XV, *moldeó una piedra gigante y la convirtió en una de sus más bellas y tiernas figuras,* La piedad, *evocando la imagen de la virgen María que sostiene en sus brazos a Cristo, descendido de la Cruz.*

En cada uno de estos casos, el mismo objeto, compuesto por el mismo material, alcanza destinos diferentes, dependiendo de quién eran las manos en las que estuvo. Si miras lo que Dios te pone entre las manos con suficiente detenimiento, descubrirás las múltiples posibilidades que tienes por delante. De ti depende la actitud que tengas ante cualquier situación y la manera en que reaccionas a ella. Tú tienes en tus manos el poder de mantener una actitud positiva ante la vida, viendo siempre lo positivo de cualquier situación en lugar de lo negativo.

Dejar atrás las actitudes negativas

Érase una vez un burro que se cayó en un pozo. Durante horas, el burro lloró desconsoladamente mientras su dueño intentaba, sin éxito, sacarlo del pozo.

Cuando empezó a anochecer, el campesino dueño del burro se aburrió de intentar sacar el burro y tomó una decisión. Como el burro ya estaba viejo y el pozo estaba seco, se dijo que lo mejor sería llenarlo de tierra y taparlo.

En cuanto tomó la pala y tiró la primera palada de tierra dentro del pozo, el burro volvió a llorar con un gemido desgarrador. Pero a medida que el campesino fue tirando palada tras palada de tierra, el burro se fue calmando. Sorprendido, el campesino se asomó al fondo del pozo y se sorprendió de lo que vio: Cada vez que tiraba una palada de tierra y le caía encima al burro, éste se sacudía y daba un paso hacia arriba.

El campesino siguió tirando tierra dentro ¡hasta que muy pronto vio aparecer la cabeza del burro por la boca del pozo! Apenas llegó al nivel de la superficie, el burro salió corriendo y gimiendo, ¡pero esta vez de felicidad!

Esta divertida historia ilustra una verdad fundamental: la vida siempre nos va a poner obstáculos de por medio, ya sean paladas de tierra o disgustos y problemas. Esto es algo que no podemos cambiar, pero lo que sí podemos controlar es la actitud con la que afrontamos esas dificultades que nos tira la vida. Así, como el burro de la historia, debemos aprender a encontrar oportunidades en los mismos problemas a los que nos enfrentamos. Entonces sacúdete la tierra que te cae encima, y ¡da un paso hacia arriba!

Según la actitud que asumas

¿Te has fijado que un objeto puede ser descartable para algunos e indispensable para otros que no tienen nada?

Un amigo que lleva años luchando para salir adelante, y por empezar no tiene mucho, consigue por fin su primer apartamento. Encontró un armario tirado en la calle, en no muy buenas condiciones, y con un poco de pintura y sus dotes artísticas lo convirtió en una pieza de arte que ahora embellece su salita de estar.

No tenía vajilla y entre todos sus amigos le han regalado vasijas por aquí, platos por allá, al igual que los cubiertos para comer. Pintó sus paredes con murales dibujados por él, donde refleja sus impresionantes habilidades artísticas.

Un día me invitó a comer en la cocina de su casa, donde ha puesto una mesa que decoró con un arreglo multicolor de platos, servilletas y un sinfín de velas. Me ofreció una comida sencilla, hecha con mucho amor, mucho gusto, y les aseguro que él se sentía como un rey y su mesa era digna del mismo. ¡Y a mí me hizo sentir como una reina!

Es un inmigrante, que viene a este país a triunfar...
en mi corazón y en el de él, ¡ya está cosechando triunfos!

Como inmigrantes, cuando llegamos a este país muchas veces nos enfrentamos a retos que parecen insuperables. Las montañas que hay que trepar y las pruebas que hay que pasar parecen imposibles y lo más normal es que nos desanimemos. Pero lo que nunca podemos perder es la actitud positiva, pues es ella la que nos permite seguir avanzando hacia nuestras metas. Para triunfar ante los retos que nos pone la vida debemos aprender a convertir todas las piedras, los obstáculos y las necesidades en lienzos donde nuestra belleza interior se vea reflejada, día a día. No son siempre los grandes logros, sino una multitud de los pequeños los que nos permiten seguir avanzando y creciendo en la vida.

La fuerza de las buenas actitudes

Dos hermanos compartían sus haciendas en terrenos vecinos y, en completa armonía, se ayudaban siempre el uno al otro. Sin embargo un día tuvieron una discusión y después de haber estado cuarenta años intercambiando herramientas, cosechas y bienes, la amistad entre los dos hermanos dejó de ser. El pequeño enfrentamiento se convirtió en una pelea seria de palabras ofensivas, y tras la fuerte discusión se impuso un silencio y una distancia entre ambos que se extendió durante varios años.

En medio de su furia, y para imponer distancia entre él y su hermano, el hermano menor decidió desviar el cauce de un riachuelo que pasaba por las dos propiedades y asegurarse así una barrera natural. Pero al hacerlo destruyó un bellísimo prado que había entre las dos propiedades, lo cual enfadó profundamente al hermano mayor.

Cierta mañana, alguien llamó a la puerta del mayor y al abrirle, un carpintero se anunciaba solicitando trabajo, preparado con todas sus herramientas.

—Soy carpintero —le dijo al hermano mayor— y vengo para preguntarle si tiene algún arreglo con el que necesite ayuda. Estoy buscando trabajo y lo puedo asistir —aseguró el hombre con un tono alegre.

El hermano mayor, que aún estaba enfadado con el menor, pensó inmediatamente en contratarlo. Llevó al carpintero a pasear por la hacienda y le contó todo lo ocurrido: la pelea con su hermano, el riachuelo y el hermoso prado destruido.

—Lo que quiero que me construya —le dijo el hermano mayor al carpintero— es una cerca de madera grande y fuerte que bloquee la vista entre las dos casas. No quiero volver a tener nada que ver con mi hermano.

El carpintero escuchó atentamente la historia y aceptó el encargo.

El carpintero se puso a trabajar de inmediato y el campesino mientras tanto se fue al pueblo para ocuparse de algunos asuntos pendientes. Cuando regresó en la tarde se sorprendió al ver que en lugar de encontrar la cerca grande y robusta que le había encargado al carpintero, encontró un bello y confortable puente que unía a las dos haciendas a través del arroyo.

En ese momento, salió de su casa el hermano menor, y vio el hermoso puente. Asombrado por el gesto de su hermano, al cual atribuyó la idea de haber construido el puente, el hombre le dirigió palabras de elogio a su hermano mayor y se disculpó también por el gesto indebido que él había tenido antes al desviar el cauce del río como barrera entre ambos.

El carpintero, satisfecho con su labor, observó a los dos hermanos reconciliarse y ante la invitación de ambos para que se quedara unos días, les advirtió que en otros sitios tenía todavía muchos más puentes por construir.

Incluso el conflicto más grave, sin importar su razón de ser, aun cuando la razón parezca estar de ambas partes o quizás parcializada, se puede resolver si media una buena actitud.

Ciertas personas permiten que el orgullo se anteponga como barrera para expresar sus afectos, sin embargo, guardar rencores y resentimientos en el corazón, lejos de corregir el pasado, lo que arruina es tu futuro. Pregúntate, ¿vas por la vida construyendo puentes o creando obstáculos?

Recuerda siempre la historia de este carpintero: a veces lo único que hace falta es dar el primer paso para abrir las puertas de la reconciliación. Busca siempre sanar tus relaciones en lugar de quebrarlas y construye puentes donde hay barreras.

La vida es como un viaje en tren

Podemos ver nuestro paso por la vida, en sentido metafórico, como el largo viaje que emprendemos en un tren donde en cada estación podemos recibir sorpresas agradables o profundas tristezas, según las circunstancias. Pero a medida que vamos avanzando por el viaje en tren, lo más importante es que busquemos lo mejor de cada uno de nuestros compañeros, para que ellos a su vez descubran lo mejor de nosotros.

La vida es como un viaje en tren. Está llena de llegadas y salidas, a veces hay accidentes, algunas llegadas son felices y algunas salidas son tristes.

Nuestro viaje en tren comienza en el momento en que nacemos, cuando se suben a nuestro vagón nuestros padres. Poco a poco van subiendo más y más personas que nos son importantes, como nuestros abuelos, tíos, hermanos y primos.

Hay personas que toman este tren por un corto tramo, otras que se quedan más tiempo. Hay quienes disfrutan del paseo, otras que sufren y otras que están siempre atentas a ayudar a quienes suben y bajan de los vagones.

Con unas personas hablamos y compartimos un momento entrañable —esa gente se vuelve inolvidable— mientras con otras nos quedamos en silencio y permanecemos en la indiferencia.

Curiosamente, algunas de las personas que más queremos se instalan en vagones distintos al nuestro, y por lo tanto muchas veces tenemos que recorrer todo lo largo del tren para encontrarlos.

El viaje en tren está poblado de retos, sueños, esperas y despedidas, pero lo único que nunca hay son regresos. Recuerda que la vida está llena de sorpresas: es imposible saber en qué estación bajaremos nosotros o nuestros compañeros; ni siquiera sabremos quién estará sentado al lado de nosotros.

No sé si cuando baje del tren sentiré nostalgia, pero me imagino que sí.

Sé que sentiré tristeza cuando me separe de algunos amigos y más aún cuando deje que mis hijos sigan solos. Pero tengo fe de que llegaré a la estación principal y me emocionaré cuando los vea llegar con un equipaje que no tenían al embarcar. Y tendré la felicidad de saber que los ayudé a que su equipaje se hiciera valioso.

Espero que la estadía en el tren haya sido serena, que haya valido la pena y que cuando sea hora de desembarcar, nuestro asiento vacío deje nostalgia y lindos pensamientos en los pasajeros que siguen en el tren de la vida.

A fin de cuentas, nunca sabremos cuál es nuestro destino ni el de nuestros compañeros, pero la belleza de la vida se encuentra en el camino que recorremos a su lado. Lo más importante es que nuestra compañía les haya servido como motivo de alegría.

Por eso debemos esforzarnos por tratar bien a todas las personas con las que nos cruzamos, buscando siempre lo mejor en cada cual. Ayudemos a quienes van con nosotros y dejémonos ayudar.

La amabilidad es una actitud necesaria

La amabilidad es una de las actitudes que son el cimiento de una vida plena y feliz. En esta fábula de Esopo, escritor griego del siglo VII anterior a la era cristiana, encontramos un bello mensaje.

Un día en el que mucho se aburrían, el viento y el sol hicieron una apuesta para ver quién de los dos le podía quitar el abrigo a un viajero.

El viento, muy seguro de sí mismo, se ofreció a ser el primero y comenzó a soplar y soplar con todas sus fuerzas. Pero mientras más soplaba, más se aferraba el viajero a su abrigo y más se abrigaba con él.

Enfurecido, el viento sopló tan fuerte que se convirtió en un vendaval y al no lograr aun así quitarle el abrigo al hombre, se convirtió en un tornado. El viajero se aferró aún más a su abrigo. Al ver que no lograba nada, el viento cesó.

Entonces, le tocó el turno al sol. Empezó a brillar, a alumbrar y calentar.

Como no había más viento, y el viajero comenzó a sentir calor, se quitó el abrigo al que tanto se había aferrado.

Por supuesto, que en esa apuesta, el sol le ganó al viento no por su fuerza sino por su calor.

En nuestras vidas, todo lo que hacemos para que otros sientan ese calorcito de la amistad puede incluir una sonrisa, una caricia, un saludo, algo que tenemos a nuestra disposición, sin que nos cueste nada. No hace falta hacer grandes muestras de amistad, dar regalos, dinero u otros bienes materiales. Basta con dar algunas muestras de cariño y un poco de ese calor humano que todos necesitamos para sentirnos bien y queridos.

Así que no pierdas un minuto más: ve y sonríele a alguien… comienza por ese primer paso.

La actitud de aceptar el paso de los años

Caminamos por los senderos de la vida, llegan los años, una que otra enfermedad y otras señales de que estamos en movimiento y hemos avanzado en el camino.

¿Cómo nos hemos preparado para este futuro que nos espera? Al igual que cuando nos vamos de vacaciones, tenemos que llevar lo que necesitamos para evitar contratiempos.

Estas palabras nos pueden servir de guía en el camino.

El tiempo pasa.

Tu pelo se volverá canoso, tu piel se arrugará y cada año que pasa sumará un dolor a tu cuerpo y un número a tu edad.

Pero nunca olvides que los años que has vivido no determinan de ninguna manera la persona que eres ni la que serás.

Así cambie tu apariencia, jamás dejarás de ser quien eres.

Tu determinación y tu fuerza te seguirán llevando lejos.

No te dejes invadir por la nostalgia.

Haz lo que te gusta hacer.

Mira cada obstáculo como una oportunidad para crecer.

Mira cada final como un punto de partida.

No desistas nunca; no dejes de creer en lo que crees.

Vive, y vive plenamente.

Avanza por la vida; no dejes nunca que te agarre ventaja.

Si te caes, ¡levántate!

No sientas pena por ti mismo ni lástima.

Busca tu fuerza y sigue adelante.

Eres tú quien está al volante, quien conduce y quien llegará siempre a su destino.

Es tu vida. ¡No dejes que nadie más la viva por ti!

Me he recostado en cada una de esas palabras a lo largo del sendero de mi vida. Y cuando mis piernas me han fallado, seguí; no me detuve. Cuando pienso en las veces que he tenido que buscar en mis adentros la fuerza para seguir adelante, estas palabras me han dado el impulso de saber que todo lo podemos lograr si no paramos el paso y continuamos en nuestro camino.

La actitud según el lado en que miremos las cosas

De niños observamos la labor de nuestros padres, y desde esa posición de seres protegidos, no comprendemos el por qué de algunas cosas que suceden. Muchas veces los adultos nos dijeron o hicieron ciertas cosas que en su momento no comprendimos.

> *Cierta vez un chico observaba la destreza y el cuidado con que su madre pasaba horas hilvanando con agujas sobre un lienzo que su pequeño tamaño sólo le permitía observar desde el revés. Desde su punto de vista, lo que su madre hacía parecía ser un arrume de nudos confusos y nada bonitos.*
>
> *Día tras día, el pequeño le preguntaba a su madre qué estaba haciendo. La madre respondía que se encontraba bordando, y mientras más miraba como todos aquellos hilos de diferentes colores se mezclaban,*

menos comprendía de qué se trataba. El tiempo pasó, la madre concluyó su labor y un día llamó al hijo para que pudiera apreciar desde arriba lo que había estado elaborando y allí el niño pudo descubrir un bello paisaje.

Ha pasado el tiempo y el niño ahora es un adulto. Mirando al cielo desde su posición, en ocasiones se pregunta qué está haciendo Dios con los hilos que elabora. A veces parecen incomprensibles los trazos, sin embargo, Dios le asegura que avance confiado sobre sus pies y le confíe a Él todas sus incertidumbres, mientras que con sus bordados se encarga de diseñar el plan que tiene para su vida.

—Adaptado del cuento "God's Embroidery"
("Los bordados de Dios") por Jack Hyles

Dios, al igual que nuestros padres —al fin y al cabo es nuestro Padre en el Cielo— sabe lo que está haciendo. Muchas veces en la vida nos sentimos perdidos, desamparados, y a nuestro alrededor no vemos más que un arrume de nudos confusos y desagradables. Pero no podemos olvidar que nuestras vidas obedecen a un plan divino, tan bello como los bordados de aquella madre, que poco a poco se nos irá revelando. Avanza con cuidado pero avanza con confianza y con la certeza de que Dios te tiene reservado mucho más de lo que estás viendo.

Descubrir el lado bueno de las cosas

Cuando vemos cerrarse una puerta a la felicidad, siempre se abren otras que no atendemos porque permanecemos mirando al espacio que nos fue negado. La mayoría de las veces, la parte visible de un objeto o problema es lo menos importante y puede desviar nuestra atención de aquello que realmente debería interesarnos.

Imponernos la riqueza material como única meta puede conducirnos al error de vivir añorando algo irreal y efímero. Encuentra mejor quien te contagie con su sonrisa y únete a aquellos que ofrezcan alegría a tu corazón. Busca metas reales, sanas y duraderas, no placeres momentáneos que en últimas te dejarán sintiendo un vacío por dentro.

Decide cuáles son los sueños que prefieras alimentar, escoge los sitios a donde quieras ir, descubre lo que anhelas ser y aprovecha al máximo la vida, esta posibilidad única que sólo te conceden una vez.

Las pruebas te son impuestas en la vida, son los

pasos necesarios para que te vuelvas fuerte; las lágrimas ennoblecerán tu espíritu y te harán más humano. Pues en realidad las personas más afortunadas no son las que más tienen sino las que más disfrutan de lo que han alcanzado.

Agradece siempre a todos los que te permiten ver las cosas positivas aun cuando crees que has tocado fondo, y agradece también a quienes dejan en ti una huella. La vida no se cuenta por las veces que has podido respirar sino por las veces que has tenido que recuperar el aliento. Vive plenamente, con sinceridad y positivismo, y con la mirada puesta siempre en el futuro.

Valores

¿Has escuchado alguna vez que las bases de los *principios morales* o los *valores* que guían la conducta de los seres humanos existen y son tan antiguos como nuestra propia existencia sobre la Tierra?

Los *valores morales* tienen su base en la filosofía y ésta, como ciencia del conocimiento, ha traído hasta nuestros días muchos de los conceptos que de alguna manera rigen nuestra conducta. En muchas ocasiones nos vienen de tiempos tan remotos como la antigua Roma, aunque por supuesto han ido cambiando y modificándose dependiendo del momento histórico, los esquemas sociales y las necesidades de cada época.

La forma en que estemos o no apegados a estos principios, que depende en gran medida de toda la influencia externa que hayamos recibido en nuestra etapa de formación, determinará la forma en que somos percibidos y cómo funcionamos en la vida en sociedad.

¿Qué son los valores?

¿Qué ideas vienen a tu mente cuando pretendes entender qué son los *valores*?

Cuando hablamos de *valores*, nos referimos a lo que desde el punto de vista ético o moral es importante para los individuos que forman parte de la sociedad y de la totalidad de la humanidad.

Cuando hablamos de *valores,* nos referimos a lo que desde el punto de vista ético o moral es importante para los individuos que forman parte de la sociedad y de la totalidad de la humanidad.

Por la universalidad de estos conceptos podemos citar ejemplos de valores que se han mantenido desde el comienzo de la civilización como es el caso de la *honestidad* (la llamada verdad), la *valentía,* la *compasión*, la *belleza* y la *felicidad.*

En un intento de definir lo que es realmente un valor, diríamos que constituye la posición que asume un individuo frente a una situación y la manera en que dirige su comportamiento. Si te encuentras, por ejemplo, frente a una persona con necesidad de alimentarse, de vestirse o urgido de una ayuda médica, ¿decides socorrerla, la ignoras o simplemente la criticas porque está atravesando esa situación difícil? Una situación como esta, y la manera en que reaccionas a ella, puede ilustrar el concepto que tienes de los valores como la *compasión* y la *solidaridad* hacia tus semejantes.

Pero además de los *valores éticos*, existen también los *valores espirituales* que pueden ser alimentados por una fe o la creencia en un ser supremo, y por el nivel de autorrealización de cada persona. Mientras los valores éticos son los que rigen, en últimas, nuestro comportamiento en sociedad y los valores espirituales se basan en el reconocimiento de que todos somos hermanos y que la base primordial de nuestra experiencia en la Tierra es el respeto que nos tenemos unos a otros.

Un valor es la posición que asume un individuo frente a una situación y la manera en que dirige su comportamiento.

También existen los *valores estéticos* que persiguen el fin de encontrar belleza y armonía para admirarlas. En nuestra sociedad este principio es determinante pues se dedica mucho interés al aspecto de la imagen y la apariencia. Los valores estéticos muchas veces fluctúan de acuerdo con las modas, y la forma en que la sociedad percibe y define la belleza. Por lo tanto, a los valores estéticos no se les debe dar tanta importancia; más bien debemos enfocarnos en los valores de la honestidad y la persistencia, que son los que nos impulsan, en últimas, a alcanzar el éxito en las metas que nos proponemos.

También son importantes los *valores intelectuales* que en búsqueda de la sabiduría se fundamentan en la lógica y la razón. Los *valores afectivos* tienen que ver con la manera en que manejamos nuestras emociones y nuestros sentimientos.

Algunos se rigen por una escala de *valores sociales* que los pueden conducir a alcanzar prestigio, fama y hasta liderazgo. Otros persiguen la satisfacción de los *valores económicos* mediante la adquisición de bienes materiales, riquezas y confort. Los primordiales, que son los *valores físicos*, nos permiten mantener un buen estado de salud y bienestar del cuerpo y la mente.

Cuando actuamos, debemos considerar todo el sistema de valores, con sus diversas categorías, en su conjunto. La jerarquía o importancia que le otorguemos a cada uno de ellos en orden de escala es lo que define nuestras propias prioridades, nuestro comportamiento y, en última instancia, las personas que decidimos ser.

¿Cuáles son tus valores?

Si hicieras una lista de cuáles son los valores que te rigen, desde el más al menos importante, podrías describir así la forma en que llevas tu vida, cómo es tu estado de felicidad y el de las personas que te rodean.

En el diario vivir, no acometemos las acciones que expresan nuestros valores de manera consciente. Sin embargo, los diferentes sistemas de valores se interrelacionan y hay ciertos valores determinantes que condicionan a la mayoría, como es el caso de la *decencia*, por ejemplo, que independientemente de las circunstancias nos hace actuar dignamente hacia nosotros mismos y sobre todo hacia los demás.

¿Quiere esto decir que la firmeza de tus principios deba convertirse en un obstáculo para relacionarte? Por supuesto que no, también es necesario ser tolerantes con las diferencias y en ese sentido algo importante es la *humildad* y el estar dispuesto siempre a aprender de todo y de todos.

La *sensibilidad* también es un valor esencial que permite nuestro crecimiento como personas y afecta, en menor o mayor grado, a nuestra familia y nuestros amigos, al igual que la compasión, que permite descubrir en otros sus necesidades y desarrollar una actitud de servicio.

La *persistencia* y la *voluntad* nos permiten vencer obstáculos, mientras que la *paciencia* nos permite actuar siempre con cordura y actuar serenamente aun en medio de los problemas.

Un valor que se ha ido perdiendo en el barniz de la vida social moderna, y hasta a veces resulta mal entendida, es la *sencillez* que es, al fin y al cabo un reflejo de la fortaleza interior. Haciendo referencia a este principio, José Martí escribe acerca de la modestia en una carta a la niña María Mantilla, contándole que un bello jazmín apenas precisa de un vaso de agua clara y no un jarrón de porcelana "porque quien lleva mucho dentro, necesita poco fuera".

Los valores del *respeto* y la *tolerancia* facilitan la vida en sociedad. Nos hacen aceptar a los demás como son y convivir con ellos sin juzgarlos. La *autenticidad,* que resulta de mostrarnos tal como somos, nos hace creíbles y confiables. Es uno de los valores más difíciles de aplicar. ¿La practicas tú o te disfrazas tras una careta?

La *gratitud*, la *sinceridad*, la *generosidad*, la *responsabilidad*, la *capacidad de perdonar*, el *poder de comunicación y* la *prudencia* son valores que las personas con quienes te relacionas analizan al entablar contigo lazos de amistad, y te servirán para mantener esos lazos vigorosos y fuertes tanto en tiempos de alegría como en tiempos de dificultad.

Si proyectamos todo esto al amplio espectro de

nuestra sociedad, para hacerla mejor, tendremos que alimentar la solidaridad, la laboriosidad, el patriotismo y la responsabilidad para trascender del interés del yo al de todos nosotros.

¿Dónde aprendemos los valores?

¿Dónde aprendemos todos los principios que nos convierten en mejores seres humanos? La respuesta es en familia, mediante las responsabilidades y los roles que a cada cual se le asignan. El trato entre los dos padres, y a su vez el de ambos con los hijos, sentará las bases para el respeto y la colaboración hacia quienes nos rodean.

Uno de los sustentos más sólidos de los valores es la fe, capaz de respaldar nuestros esfuerzos y sacrificios con la certeza de que existe un Dios para felicitarnos. De esta forma, a todo lo que ocurre le encontramos una explicación y en cada lección reforzamos el fundamento de la madurez.

Cuando comprendes que las grandes empresas y logros implican riesgos, se reafirman todos tus valores. Incluso, cuando consideras que has perdido en algún percance, sin importar la gravedad de lo sucedido, siempre puedes obtener una lección.

Los tres preceptos básicos de tu sistema de valores deben ser: respetarte a ti mismo, profesar ese mismo sentimiento hacia los demás y responsabilizarte por tus propias acciones.

Los valores se aprenden en familia, mediante las responsabilidades y los roles que a cada cual se le asignan. Los tres preceptos básicos de tu sistema de valores deben ser: respetarte a ti mismo, profesar ese mismo sentimiento hacia los demás y responsabilizarte por tus propias acciones.

Andar por el mundo actuando con honradez te permite, cada cierto tiempo, mirar hacia atrás y disfrutar lo que has vivido, sentirte orgulloso de lo que has logrado y ver que todo lo que sucede tiene una razón de ser. Cuando dudes de los éxitos alcanzados, fíjate en todas las cosas a las que has renunciado y cuánto te has esforzado para conseguir tus propósitos.

Pensamientos e historias

¿Qué nos hace apreciar el valor de otros?

La consideración y el valor que les damos a las personas no necesariamente coinciden con la prominencia de su estatus social, intelectual o económico. Muchas veces, el valor y la importancia que le concedemos a ciertos individuos tiene más que ver con el lugar que han ocupado en nuestras vidas. El relato que encontrarás a continuación reafirma este criterio.

En una sala de conferencias, el orador le pidió a 200 participantes que nombraran a las cinco personas más ricas del mundo. Luego les pidió que nombraran a las cinco últimas ganadoras del concurso Miss Universo, a diez de los ganadores del Premio Nobel y a los cinco últimos ganadores de premio Oscar. El público lo miró estupefacto, y entonces el conferencista añadió:

—Si no recuerdan a ninguna de estas personas... ¡no se asusten! Es común que las cosas superfluas y más recientes pasen de inmediato al olvido porque los aplausos duran un instante, los trofeos quedan tirados en un rincón y a los ganadores casi siempre los olvidamos. ¡Todo pasa!

El conferencista hizo una breve pausa y luego agregó:

—Sin embargo, si les pido que nombren a tres profesores que les hayan ayudado en su formación intelectual, a tres amigos que los hayan ayudado en momentos difíciles, a alguien que los haya hecho sentir especiales o a cinco personas con quienes disfrutan pasar el tiempo, ¡sin duda obtendrán mejores resultados!

Así las personas que marcan nuestras vidas no suelen ser las que tienen las mejores credenciales, las que tienen más dinero o mejores premios. Quienes quedan marcados en nuestra memoria son aquellos que nos acompañan en nuestras preocupaciones, los que nos cuidan, los que nos enseñan y nos acompañan en la alegría y el dolor.

Tómate un momento para hacer tu propia lista de personas importantes que te han marcado, que has querido, que te han acompañado. Ahora piensa en quién te pondría en su lista... esas son las cosas que realmente valen la pena recordar y grabar en nuestras memorias.

El valor de la amistad

Muchas veces quienes no están estrechamente involucrados en una amistad se cuestionan el valor de ese sentimiento indescriptible, que no mide diferencias, ni impone condiciones para retribuir el afecto. Esta fábula relata una historia donde el valor de la amistad es a veces incomprendido.

> *Un gusano y un escarabajo pasaban horas juntos charlando. El escarabajo reconocía la capacidad limitada de movimiento del gusano, así como su corta visión y su pasividad. Comparado con un escarabajo, el gusano era muy poco ágil.*

Asimismo, el gusano comprendía que su amigo el escarabajo venía de otro ambiente y que en comparación con los gusanos de su especie, comía cosas que a él le parecían horribles, tenía una imagen desagradable y hablaba con excesiva rapidez.

Todo iba bien entre estos dos amigos, todo menos un pequeño detalle. A la compañera del escarabajo le costaba trabajo comprender la relación que tenía su querido con alguien que ella consideraba tan inferior a él. Discutían mucho al respecto y fueron tantos los argumentos que ella le dio, que el escarabajo terminó poniendo a prueba su amistad con el gusano. Se alejó de él con la esperanza de que éste saliera a su encuentro.

Pasó el tiempo y un día el escarabajo se enteró que el gusano estaba muy enfermo, al borde de la muerte. Su organismo se había resentido con los esfuerzos que cada día realizaba para ir a encontrarse con su amigo el escarabajo, lo cual ya no conseguía.

Al enterarse de tan triste noticia, el escarabajo decidió ignorar las recomendaciones de su compañera y partió al encuentro con el gusano. En el camino se encontró con varios amigos que le informaron de los innumerables peligros que el fiel amigo había realizado en vano para poder volverlo a ver. Le contaron que se expuso a ser devorado por los pájaros y que libró un encuentro con las hormigas. Al encontrarlo nuevamente, ya el gusano estaba en espera de su momento final. Sin embargo, con apenas un hilo de vida le hizo saber al escarabajo cuánto le alegraba saber que se encontraba bien y se despidió de su amigo por última vez.

El escarabajo entonces sintió vergüenza por haberse dejado influenciar por las opiniones que le impidieron disfrutar de su amistad. Comprendió al final que a pesar de las diferencias, el gusano había sido su amigo que lo quería y lo respetaba.

He aquí algunas de las lecciones que podemos aprender de esta maravillosa historia:

- La amistad está en ti y no en los demás. Si la cultivas en tu propio ser, encontrarás alegría y regocijo.
- El tiempo no condiciona las amistades. Tampoco lo hacen las razas ni las limitaciones propias o ajenas.
- El tiempo y las distancias no son los factores que destruyen una amistad. La destruyen las dudas y nuestros temores.

- Cuando pierdes a un amigo, una parte de ti se va con él. Las frases, los gestos, los temores, las alegrías, las ilusiones… todo lo que compartieron, se va con él.

Si tienes un amigo, no pongas en tela de juicio lo que es, pues dudas sembradas cosecharán temores. No te fijes demasiado en cómo habla, cuánto tiene, qué come o qué hace porque entonces estarás echando en saco roto tu confianza. Reconoce la riqueza de quien es diferente a ti y que aun así, está dispuesto a compartir contigo sus ideales. La amistad es algo tan importante en la vida que tienes que saber ponerla por encima de todo lo demás.

Los valores que menos anhelamos

La adquisición de las costumbres de la vida moderna y los apegos a las exigencias sociales a veces convierten a las personas en seres vacíos que olvidan muchos de los valores más esenciales. Comparto con ustedes esta anécdota con la esperanza de que ojalá los haga reflexionar acerca de los valores más importantes de la vida.

En el silencio de una habitación ardían cuatro velas, y de repente la calma reinante en el lugar permitió que entre ellas se escuchase un murmullo.

—Me llamo Paz —dijo una de las velas—. Mi luz ilumina, pero los hombres no me respetan.

Con el suspiro, su luz se hizo tenue hasta que llegó a apagarse completamente.

La segunda, llamada Fe, dijo con voz de tristeza:

—Los hombres no quieren saber de Dios; no tiene sentido seguir ardiendo —y con esa frase, se extinguió.

Con tristeza, la tercera vela, que se llamaba Amor, se quejó que los hombres la echaban a un lado porque viven mirándose sólo a sí mismos y olvidan a quienes deben querer. Y al terminar de decir estas palabras, con una última chispa se apagó.

Mientras esta triste imagen ocurría, un niño que entró al cuarto miró las velas y decidió que estas debían brillar. Entonces, escuchó la voz de una cuarta vela que lo alentó:

—No tengas miedo. Mientras yo permanezca ardiendo podemos recuperar de nuevo a las demás. Yo soy Esperanza.

De inmediato el niño pasó la luz de esta última vela a las demás, porque la esperanza es lo último que debemos perder.

Esta hermosa alegoría ilustra perfectamente la importancia de los valores en nuestras vidas. Muchas veces olvidamos lo esencial y dejamos de creer en cosas tan importantes como el amor, la fe y la paz. Pero es con esperanza, con ese valor que todo ser humano lleva intrínsecamente en su interior, que siempre encontraremos la manera de seguir adelante.

El valor de apreciar los detalles

Considerar el valor de las cosas por su apariencia, generalmente resulta erróneo. La siguiente historia ilustra el acierto de estas palabras.

Una empresa multinacional estaba teniendo problemas con su servidor central. Varias veces se habían borrado importantes archivos del disco duro y los empleados empezaban a desesperarse. Así que un día hicieron llamar a un ingeniero especialista en informática para que viniera a solucionar el problema.

El especialista se sentó frente a la pantalla del equipo y oprimió varias teclas. Al rato de estar trabajando, asintió con la cabeza y luego de susurrar algo para sí mismo, apagó la computadora. Con mucho cuidado, abrió la parte trasera del aparato, sacó un pequeño destornillador de su bolsillo y apretó un minúsculo tornillo. Luego volvió a cerrar la computadora, la encendió de nuevo y el aparato funcionó a la perfección.

El presidente de la compañía quedó muy agradecido con el trabajo del ingeniero, y le ofreció que se encargaría personalmente de pagarle sus honorarios. Cuando le preguntó cuánto serían, el ingeniero respondió con toda la tranquilidad del mundo:

—Serán mil dólares, Señor.

Molesto de ver que el ingeniero quería cobrarle aquel precio disparatado, el presidente de la compañía le pidió que le hiciera una factura detallada del trabajo que había hecho, pues no pensaba que valiera tanto.

Entonces el ingeniero tomó un bolígrafo de un escritorio vecino y escribió tranquilamente sobre una hoja de papel:

FACTURA POR SERVICIOS PRESTADOS

Apretar un tornillo	$1
Saber qué tornillo apretar	$999

Esta historia ilustra el impulso muy humano de valorar las cosas por lo que aparentan ser y no por lo que realmente son. En la vida es importante aprender a ver más allá de las apariencias y considerar cada cosa por su justo valor, en su justo contexto. Al hacer esto, no sólo estamos siendo compasivos, poniéndonos en el lugar del otro, sino que nos estamos relacionando con el resto del mundo de una manera más transparente y certera.

"En el camino aprendí" por Rafael Amor

En el camino aprendí
que llegar alto no es crecer,
que mirar no siempre es ver
ni que escuchar no es oír
ni lamentarse sentir
ni acostumbrarse, querer...

En el camino aprendí
que estar solo no es soledad,
que cobardía no es paz
ni ser feliz, sonreír
y que peor que mentir
es silenciar la verdad.

En el camino aprendí
que puede un sueño de amor,
abrirse como una flor
y como esa flor morir,
pero en su breve existir,
fue todo aroma y color.

En el camino aprendí
que ignorancia no es no saber,
ignorante es ese ser
cuya arrogancia más vil,
es de brutos presumir
y no querer aprender.

En el camino aprendí
que la humildad no es sumisión,
la humildad es ese don
que se suele confundir.
No es lo mismo ser servil
que ser un buen servidor.

En el camino aprendi
que la ternura no es doblez
ni vulgar la sencillez
ni solemne la verdad,

vi al poderoso mortal
y a idiotas con altivez.

En el camino aprendí
que es mala la caridad
del ser humano que da
esperando recibir,
pues no hay defecto más ruin
que presumir de bondad.

En el camino aprendí
que en cuestión de conocer,
de razonar y saber,
es importante, entendí,
mucho más que lo que vi
lo que me queda por ver…

En este poema, Rafael Amor refuerza muchos de los valores de los que hablamos en este capítulo. Habla de aprender sobre la importancia de la humildad, y de no pensar que el simple hecho de ver algo nos impida ir un poco más allá para analizarlo. También habla de la importancia de la soledad y de la necesidad de tomarnos un momento para crecer espiritualmente e ir tras los sueños y las metas que nos hemos impuesto. No importa lo que suceda en nuestras vidas, nunca debemos dejar extinguir nuestro deseo de seguir viviendo y reinventándonos. El valor de la humildad no significa ser sumiso o vil sino ser tierno y comprender que cuando uno le da la mano a otro ser humano, es algo que tenemos que hacer por nosotros mismos y no esperando algo a cambio.

El valor de la vida

Si por un instante Dios se olvidara de que soy una marioneta de trapo y me regalara un trozo de vida, posiblemente no diría todo lo que pienso, pero en definitiva pensaría todo lo que digo.

Daría valor a las cosas, no por lo que valen, sino por lo que significan.

Dormiría poco, soñaría más, entendiendo que por cada minuto que cerramos los ojos, perdemos sesenta segundos de luz. Andaría cuando los demás se detienen, despertaría cuando los demás duermen. Escucharía cuando los demás hablan, ¡y cómo disfrutaría de un buen helado de chocolate!

Si Dios me obsequiara un trozo de vida, vestiría sencillo, me tiraría de bruces al sol, dejando descubierto no sólo mi cuerpo, sino mi alma...

Dios mío, si yo tuviera un trozo de vida... no dejaría pasar un solo día sin decirle a la gente que quiero, que la quiero. Convencería a cada mujer u hombre que son mis favoritos y viviría enamorado del amor.

A los hombres les probaría cuán equivocados están al pensar que dejan de enamorarse cuando envejecen, ¡sin saber que envejecen cuando dejan de enamorarse! A un niño le daría alas, pero le dejaría que él solo aprendiera a volar. A los viejos les enseñaría que la muerte no llega con la vejez, sino con el olvido. Tantas cosas he aprendido de ustedes, los hombres. He aprendido que todo el mundo quiere vivir en la cima de la montaña, sin saber que la verdadera felicidad está en la forma de subir la escarpada. He aprendido que cuando un recién nacido aprieta con su pequeño puño, por primera vez, el dedo de su padre, lo tiene atrapado para siempre.

He aprendido que un hombre sólo tiene derecho a mirar a otro hacia abajo cuando ha de ayudarlo a levantarse. Son tantas cosas las que he podido aprender de ustedes, pero realmente de mucho no habrán de servir, porque cuando me guarden dentro de esa maleta, infelizmente me estaré muriendo.

Siempre di lo que sientes y haz lo que piensas. Si supiera que hoy fuera la última vez que te voy a ver dormir, te abrazaría fuertemente y rezaría al Señor para poder ser el guardián de tu alma. Si supiera que esta fuera la última vez que te voy a ver salir por la puerta, te daría un abrazo, un beso y te llamaría de nuevo para darte más. Si supiera que esta fuera la última vez que voy a oír tu voz, grabaría cada una de tus palabras para poder oírlas una y otra vez indefinidamente. Si supiera que estos son los últimos minutos que te voy a ver diría "te quiero" y no asumiría, tontamente, que ya lo sabes.

Siempre hay un mañana y la vida nos da otra oportunidad para hacer las cosas bien, pero por si me equivoco y hoy es todo lo que nos queda, me gustaría decirte cuánto te quiero, que nunca te olvidaré.

El mañana no le está asegurado a nadie, joven o viejo. Hoy puede ser la última vez que veas a los que amas. Por eso no esperes más, hazlo hoy, ya que si el mañana nunca llega, seguramente lamentarás el día que no tomaste tiempo para una sonrisa, un abrazo, un beso y que estuviste muy ocupado para concederles un último deseo. Mantén a los que amas cerca de ti, diles al oído lo mucho que los necesitas, quiérelos y trátalos bien, toma tiempo para decirles "lo siento", "perdóname", "por favor", "gracias" y todas las palabras de amor que conoces.

Nadie te recordará por tus pensamientos secretos. Pide al Señor la fuerza y sabiduría para expresarlos. Demuestra a tus amigos cuánto te importan.

Este bellísimo texto nos hace detenernos un momento para ver la vida desde la perspectiva de un hombre que está envejeciendo. Nos muestra lo que tiene de importante y lo que no. Nos muestra lo que hay que temer y lo que debemos enfrentar sin miedos. Nos recuerda que el tiempo que tenemos es poco y hay que disfrutar cada instante. No olvides nunca que la vida es el regalo más precioso que se nos ha dado, y tenemos que aprovecharla cada minuto, cada segundo y cada instante.

"Danza lenta" por David L. Weatherford

¿Alguna vez has observado a los niños jugar en un carrusel? ¿O has escuchado la lluvia pegar contra el suelo?

¿Alguna vez has observado el vuelo errático de una mariposa?
¿O has mirado cómo el sol se funde en la noche?

Detente un momento, no bailes tan rápido.
El tiempo es corto, la música no durará.

¿Pasas todo el día corriendo a toda velocidad?
Cuando preguntas "¿cómo estás?", ¿te detienes lo suficiente para oír la respuesta?

Cuando el día se acaba y te acuestas en tu cama,
¿piensas en las mil cosas que corren por tu cabeza?

Detente un momento, no bailes tan rápido.
El tiempo es corto, la música no durará.

¿Alguna vez le has dicho a tu hijo, ya lo haremos mañana,
y en tu apuro, no has sabido ver su decepción?

¿Alguna vez has perdido el contacto, dejado morir una amistad,
porque nunca tienes tiempo de llamar a decir hola?

Detente un momento, no bailes tan rápido.
El tiempo es corto, la música no durará.

Cuando corres tan rápido para llegar a algún lado,
te pierdes de la mitad de la diversión que es llegar hasta allí.

Cuando te preocupas y te apuras cada día de tu vida,
es como si tiraras a la basura un regalo sin abrirlo.

La vida no es una carrera, entonces tómatela con calma.
Escucha la música antes de que se acabe tu canción.

El tiempo es un valor que, por andar queriendo hacer siempre cada vez más, muchas veces olvidamos. La vida no está en las metas alcanzadas, sino en el camino que se recorre para llegar a ellas. No está en los miles de sucesos que se desenvuelven cada día, está muchas veces en los momentos en que nos damos un respiro y tomamos una pausa. Está en los atardeceres, en los momentos pasados con amigos, en las cenas en familia, en las tardes jugando en el parque con los niños. La vida está en los momentos más sencillos, aquellos que parecen más insignificantes, y si por estar corriendo de aquí para allá te pierdes de estos momentos, es tu vida la que te estás perdiendo. No dejes que eso suceda. Ahora mismo elige un momento esta semana en el que puedas dejarlo todo a un lado para dedicarle un poco de tiempo a lo más importante que tienes en la vida: tú mismo.

"El lápiz" por Paulo Coelho

El niñito miraba al abuelo escribir una carta. En un momento dado le preguntó:

—Abuelo, ¿estás escribiendo una historia que nos pasó a los dos? ¿Es acaso una historia sobre mí?

El abuelo dejó de escribir, sonrió y le dijo al nieto:

—Estoy escribiendo sobre ti, es cierto. Sin embargo, más importante que las palabras es el lápiz que estoy usando. Me gustaría que tú fueses como él cuando crezcas.

El nieto miró el lápiz intrigado y no vio nada especial en él, y preguntó:

—¿Qué tiene de particular ese lápiz?

El abuelo le respondió:

—Todo depende del modo en que mires las cosas. Hay en él ***cinco*** *cualidades que, si consigues*

mantenerlas, harán siempre de ti una persona en paz con el mundo.

Primera cualidad: *Puedes hacer grandes cosas, pero no olvides nunca que existe una mano que guía tus pasos. Esta mano la llamamos Dios y Él siempre te conducirá en dirección a su voluntad.*

Segunda cualidad: *De vez en cuando necesitas dejar lo que estás escribiendo y usar el sacapuntas. Eso hace que el lápiz sufra un poco, pero al final estará más afilado. Por lo tanto, debes ser capaz de soportar algunos dolores porque al final te harán mejor persona.*

Tercera cualidad: *El lápiz siempre permite que usemos una goma para borrar aquello que está mal. Entiende que corregir algo que hemos hecho no es necesariamente algo malo, sino algo importante para mantenernos en el camino de la justicia.*

Cuarta cualidad: *Lo que realmente importa en el lápiz no es la madera ni su forma exterior, sino el grafito que hay dentro. Por lo tanto, cuida siempre de lo que sucede en tu interior.*

Quinta cualidad: *Siempre deja una marca. De la misma manera, has de saber que todo lo que hagas en la vida dejará trazos. Por eso, intenta ser consciente de cada acción.*

En esta ingeniosa metáfora, Paulo Coelho captura magníficamente los valores y las cualidades que, en un mundo ideal, deben regir nuestras acciones. Dios nos guía en nuestro camino por la vida y, aunque a veces sintamos que nuestra vida está patas arriba, tenemos que tener paciencia pues Dios sabe cómo obra, y tiene en mente un plan para cada uno de nosotros. Debemos aceptar el dolor en nuestra vida, pues sabemos que nos hará mejores personas. Aprendamos a superar nuestros errores, estemos siempre atentos a lo que sucede en nuestro interior y vivamos a conciencia dejando una marca positiva en todo aquel que nos crucemos en nuestro camino.

El valor de lo material

Había una vez un turista americano que se fue de viaje a la ciudad de Marrakech en Marruecos. Se encontraba en un momento de crisis en su vida personal y quiso ir a visitar un viejo sabio del que había oído hablar todo tipo de maravillas.

Al llegar a verlo en una casita no muy lejos de la plaza principal de la ciudad, el americano se sorprendió al constatar que el famoso sabio vivía en una habitación muy sencilla sin más que una cama, una mesa, un banco y una pila de libros.

—¿Dónde están sus muebles? —preguntó el americano, no pudiendo contener su curiosidad.

Y el sabio le respondió:

—¿Y los suyos?

Divertido, el americano, sin perder un instante le respondió:

—¡Pero si yo estoy viajando! Aquí en Marrakech sólo estoy de paso; no necesito tener todas mis cosas.

—Pues yo también estoy de paso —respondió el sabio—, yo también.

La vida en la Tierra es efímera, y todas aquellas posesiones materiales que tanto nos esforzamos por acumular, en últimas, no tienen valor alguno. Nuestro paso por la Tierra, al igual que el de aquel turista americano en Marrakech, es temporal y más vale concentrarnos en lo que llevamos adentro en lugar de lo que poseemos del mundo material. El verdadero valor de la vida no está en cuántas cosas tenemos o qué tan bonitas son. Lo que vale son los momentos vividos, los instantes compartidos, las personas queridas. Concéntrate en vivir tu vida, disfrutar cada momento y no te preocupes tanto por lo que tienes o dejas de tener. Encuentra placer en los detalles más sencillos, en los momentos compartidos y recuerda siempre que cada día es un nuevo comienzo: utilízalo para hacer de tu vida una obra de arte.

El valor de haber vivido

Cuando tenemos años vividos para contar, comprendemos que el tiempo de la vida se acorta y nos proponemos entonces disfrutar con toda intensidad cada instante que nos queda.

Los años transcurridos nos enseñan que no vale la pena permitir que nuestro tiempo se desgaste en proyectos no provechosos, ni lidiando con personas a las que sólo les interesa alimentar su vanidad, o desacreditar por envidia a los que se esfuerzan y aprovechan el talento.

La magia de la experiencia acumulada con los años nos permite soñar con cosas reales y fijarnos metas realizables, pero además nos arman de fuerzas para evitar imposiciones, procedimientos y normas que sólo limitan la creación.

Cuando por fin se alcanza la madurez de la vida

se siente prisa y necesidad de discutir lo esencial de las cosas. De estar al lado de seres que sonrían desde adentro, que disfruten los triunfos sin considerarse superiores y que verdaderamente estén conscientes de Dios.

Compasión

Algunas personas confunden el sentimiento de la compasión con lástima. Sin embargo, la compasión es un sentimiento que va mucho más allá de la lástima y que puede definirse como una de las virtudes que facilita nuestras relaciones con los demás y nos da la habilidad para comprendernos y aceptarnos a nosotros mismos.

Primero tenemos que aceptar nuestras fallas

Cuando admitimos nuestros errores y somos capaces de identificar nuestras debilidades no sólo nos sentimos mejor, sino que nos levantamos la autoestima y nos permitimos ser más tolerantes y comprensivos hacia los demás. Es decir, cuando somos capaces de vernos a nosotros mismos bajo una luz más real, aceptando nuestras fallas, podemos ver a los demás y comprenderlos sin emitir ningún juicio.

La compasión implica aceptar tanto lo positivo como lo negativo de otra persona, sin necesidad de juzgarla y con la plena convicción de que siempre es posible relacionarse con personas diferentes a nosotros mismos, sin importar sus cualidades ni defectos. Significa ponerte en la posición del otro para comprender sus reacciones, sus anhelos y sus necesidades. Pero la compasión no sólo es aceptar; requiere también de la capacidad de perdonar, de dejar pasar lo que nos ofende y procesar la acción que nos provocó contrariedad para rescatar de esa experiencia una enseñanza, al igual que tomar precauciones para que el hecho no se repita.

La compasión implica aceptar tanto lo positivo como lo negativo de otra persona, sin necesidad de juzgarlos y con la plena convicción de que siempre es posible relacionarse con personas diferentes a nosotros mismos, sin importar sus cualidades ni defectos.

Tener una mente compasiva significa pensar de manera diferente. Significa no dejarse llevar por la rabia, por las propias nociones de lo que está bien y lo que está mal; significa dejar que los demás vivan y hagan lo suyo sin necesidad de pensar en si te gusta o no. Cuando eres compasivo, tomas la decisión de no juzgar ni rechazar a los demás por lo que hacen o dicen, sino que analizas sus actos sin prejuicios, teniendo siempre en cuenta qué circunstancias o necesidades motivaron determinada acción o palabra.

La compasión hacia otra persona o hacia uno mismo

comienza desde el momento en que se manifiesta un asomo de arrepentimiento de parte del que ha cometido el error. En donde haya arrepentimiento hay siempre compasión, pues se trata simplemente de encontrar la fortaleza interior para ponerse en el lugar del otro y comprender sus motivaciones. Es posible que las acciones o palabras expresadas que dieron lugar al incidente pueden ser el reflejo de necesidades personales o de un simple instinto de supervivencia. Por ejemplo, a partir del momento en que mi hermano me expresa su arrepentimiento por haberme herido con sus palabras en una discusión, yo podré encontrar en mi interior la compasión para perdonarlo, poniéndome en su lugar y comprendiendo sus motivaciones.

Una vez que somos capaces de aceptar que lo ocurrido ya pasó, podemos decidir pasar borrón y cuenta nueva.

Las personas iracundas necesitan nuestra compasión

A veces, cuando alguien nos trata mal y sin respeto, incluso si es una persona que más queremos como nuestros amigos o nuestros familiares, nos es difícil ser compasivos ante tal comportamiento. Sin embargo, si nos fijamos con más detenimiento, muchas veces descubriremos que la persona que ataca verbalmente está en realidad herida por alguna razón. Para comprenderla, perdonarla, aceptarla y, por lo tanto, sentir compasión hacia ella, es importante descubrir la razón que se esconde detrás de sus acciones.

Generalmente las personas iracundas o coléricas padecieron una niñez afectada por el rechazo y en esa misma medida reaccionan agresivamente respecto a los demás.

También hay otras personas que padecen de enfermedades cerebrales y mentales que tienen momentos de ira. Con compasión lograrás comprender que tú no eres el causante de sus problemas. Puedes aceptar que esa persona no tiene control de lo que dice o hace. Pero tú tienes el poder de no tener que aceptar su abuso, ya sea verbal o hasta en algunos casos físico. Puedes mirarlo como un animal herido, y comprender que por lo tanto es mejor esperar a que se le pase la ira.

Nuevamente, en estos casos, la compasión es el único recurso afectivo en el que podemos encontrar una solución viable para propiciar una relación entre una persona irascible y las demás personas con las que por diversas razones deben interactuar. Es la única manera de comprender la situación y no dejarse ganar por ella.

Muchas veces quienes tienen poca autoestima consideran que las situaciones adversas y los problemas de la vida se los tienen merecidos. Pero recuerda que es en momentos como estos que la compasión puede ayudar, no en un gesto paternalista de alimentar el sentimiento de fracaso, pero orientando y ayudando a la persona a que recupere la confianza en sí mismo.

Y finalmente, no podemos olvidar la importancia de la compasión hacia las personas menos afortunadas. No importa cuán difíciles sean nuestras circunstancias ni cuánto dolor estemos sintiendo, no podemos olvidar que siempre hay personas menos afortunadas que nosotros y que estas personas merecen nuestra compasión. Como cristianos, es nuestro deber apoyar y ser solidarios con las personas que están más necesitadas que nosotros. En el Evangelio de San Lucas aprendemos la historia del Buen Samaritano, aquel hombre que se detuvo al borde del camino para ayudar a un hombre herido, y este ejemplo es el que debemos seguir, extendiendo nuestra solidaridad de sentimientos a quienes nos necesitan.

Ahora, vale la pena aclarar que no hay que confundir

la compasión con la empatía. Mientras la compasión es un comportamiento aprendido, la empatía es el proceso mediante el cual somos capaces de ponernos en los zapatos del otro y realmente imaginarnos su situación. Es *a través* de la empatía que finalmente llegamos al paso de la compasión, en el cual comprendemos realmente su situación y la sentimos como si fuera nuestra.

La compasión es una de las más bellas cualidades del ser humano. Nos permite conectarnos con las personas a nuestro alrededor, comprenderlas y aceptarlas tal como son. A través de la compasión aprendemos a amar más profundamente y a dejar ir de nuestras almas todos los resentimientos innecesarios.

Pensamientos e historias

Carta de una madre a su hijos

Todos aquellos que hemos visto envejecer a nuestros abuelitos, padres y otros familiares sabemos que se necesita mucho amor, compasión y paciencia para tratarlos. El privilegio de compartir con ellos la vida cotidiana debe ir siempre acompañado del respeto mutuo. Con el pasar de los años, también nosotros nos pondremos mayores y serán nuestros hijos quienes cuidarán de nosotros. Por eso, yo quisiera dejarles esta carta a mis hijos diciéndoles lo siguiente:

Queridos hijos:

Ya llegará el día en que me vean mayor. Dejaré de ser aquella persona que conocieron cuando eran pequeños y cuando ese día llegue, quiero pedirles desde ahora que por favor me tengan paciencia e intenten comprenderme un poco.

¿Recuerdan cuando eran pequeños y yo pasaba un gran tiempo escogiéndoles la ropa y ayudándolos a vestirse en las mañanas? ¿Recuerdan cómo los ayudaba a abrocharse cada botón y a amarrarse los zapatos? Pues les pido que recuerden que ahora necesito de ustedes para que me digan con amor y cariño que aquella blusa de rayas no va bien con el pantalón a cuadros, o si me abotoné mal el abrigo dejando un botón fuera de lugar.

Encontrarán que a veces, cuando estoy comiendo, me tiemblan las manos y me ensucio la blusa o me demoro mucho. Por favor, hijos míos, ténganme paciencia, que ya no puedo hacerlo como lo hacía antes. ¿Recuerdan cómo los ayudé tantos años a tomar la sopa, a comer las verduras, a terminar el cereal? Pasé tantísimos años a su lado en la mesa enseñándoles cómo agarrar el tenedor, cómo cortar la carne. Así que ténganme paciencia, por favor, que yo también les tuve.

Nunca dejaré de buscar su compañía y de querer pasar tiempo con ustedes. Muchas veces intentaré hablarles de algo que leí o que vi en la televisión, pero si me demoro en recordarlo o si me enredo al contárselo, por favor, no se desesperen. Denme tiempo para contarles lo que quiero decirles, pues lo más importante para mí será que me escuchen. Recuerden que cuando eran pequeños siempre me escuchaban atentamente cuando les contaba cualquier cuento… No dejen de hacer lo mismo ahora, denme tiempo para recordar lo que les quiero decir.

Y llegará sin duda el día en que quizás no les hable o no los reconozca, pero pueden estar seguros que cuando me den sus manos, las reconoceré y se las apretaré, tal como lo hacía cuando eran pequeños y los llevaba caminando a la escuela, cuando tenían miedo, o cuando necesitaban un apoyo. Ahora que soy yo quien los necesito, por favor no me nieguen sus manos ni su cariño, pues es sólo con ustedes que me sentiré apoyada, querida y aceptada.

Así sabrán que el día en que me vaya de esta Tierra, mi espíritu estará siempre con ustedes, pues ustedes son lo más maravilloso que dejo como legado en este universo. Y por eso pueden estar seguros que siempre, esté donde esté, en la Tierra o en el Cielo, los querré con toda mi alma.

Con todo mi amor,

Su madre

La compasión como gesto de sabiduría

Billy y su hermanita Jeannie vivían con su padre y su madre y el resto de sus hermanos. Su padre era un soldado veterano de la Segunda Guerra Mundial, su madre una joven aquejada de esquizofrenia que sólo respondía al deseo de su marido de traer hijos al mundo, sin tener contacto con el resto del mundo. Pasaba sus días encerrada, muchas veces errática e inestable.

En ese contexto nacieron Billy y sus ocho hermanos y así crecieron expuestos a innumerables peligros y agresiones. Ambos padres tenían serios problemas emocionales y le dieron a sus hijos una vida llena de absurdos, violencia, dolor y angustia. Nunca fueron consistentes en el cariño que les daban, a menudo los maltrataban tanto emocional como físicamente y los niños tuvieron que aprender no sólo a sobrevivir, sino a crecer en aquellas condiciones.

Muchas veces los vecinos, además de escuchar los gritos que salían de la casa, corrían para encontrar a Jeannie, una bebé de dos años, tirada en medio de la calle. Los incidentes se repitieron tantas veces que finalmente fueron reportados a la agencia de protección de menores, y Billy y Jeannie le fueron otorgados a una señora que los cuidó con todo el cariño del mundo. Con los años la señora terminó no sólo adoptando a Billy y a Jeannie, sino también al resto de sus hermanitos.

Esta historia podría perfectamente terminarse aquí, con Billy y Jeannie viviendo, por fin, la vida llena de amor y cariño que merecen por el simple hecho de ser hijos de Dios. Pero ¡no es así!

El peligro de haber muerto de manos de sus propios padres no impidió a Billy encontrar la verdadera felicidad, agradecer a la vida por haber puesto en su camino a personas como sus padres adoptivos que lo terminaron de criar y de ayudar a procesar el dolor de lo sucedido en su pasado. Pudo comprender que muchas de las dificultades por las que tuvo que pasar no respondían a un destino fatídico sino a la realidad de determinadas circunstancias, muy difíciles, que tuvo que vivir. Pero nada de eso tenía por qué determinar la persona en que se convertiría en el futuro.

Por lo tanto, a la vuelta de sus veintitrés años, convertido en un joven maduro capaz de analizar su experiencia y de verla como un ejemplo de lo que no le debe ocurrir a ningún niño en el mundo, reconoció en el error de sus padres una incapacidad objetiva que les impedía tener una familia funcional y pudo compadecerlos.

Reconoció incluso que algo de amor había en la actitud de sus padres hacia ellos, puesto que habían sido capaces de apartarse y dejar ir a sus hijos cuando más lo necesitaban. Por lo tanto, todo el afecto que le faltó en aquel entonces en su hogar y que encontró después en el de sus padres adoptivos, fue capaz de revertirlo a través de su propio trabajo, como guardián legal de otros niños maltratados y abusados. Billy se dedicó a cuidar de niños que, como él, no tienen el poder de cuidar de sí mismos, con la esperanza de evitarles todo el dolor y el sufrimiento que él mismo tuvo que enfrentar.

Esta es una de esas historias que nos dan esperanza para un mundo mejor. A pesar de las circunstancias tan terribles en las que tuvo que crecer y hacerse adulto, Billy fue capaz de tener compasión por sus padres y aceptarlos tal como eran: dos personas incapaces de lidiar con lo que la vida les había puesto por delante. Pudo ver que no era por falta de voluntad, sino por simple incapacidad. Al compadecer a sus padres biológicos, Billy pudo transformar la perspectiva que tenía de la situación y convertirla en fuente de una energía fuerte y positiva para los demás. Tomó su mala experiencia con sus padres y la transformó en buenas experiencias para muchos otros niños a su alrededor que viven situaciones similares.

Si sientes que en tu vida sólo hay negativismo y dolor, tómate un momento para pensar en Billy. Busca la compasión que hay en ti y utilízala para convertir todo obstáculo o dificultad pasada en una fortaleza única y excepcional. Toma los sucesos negativos de tu pasado y utilízalos para ayudar a otras personas que han pasado por lo mismo.

La perla y la ostra

Cuando vemos una perla tras la vitrina de una joyería o en el cuello de una mujer, muchas veces olvidamos que viene de una ostra y que es, en realidad, el resultado de una herida. Para que una lustrosa perla nazca en el interior de una ostra, tiene que llegar primero a su interior una partícula extraña e indeseada; la mayoría de las veces se trata de un granito de arena.

Una vez que esta partícula penetra el interior de la ostra, ésta tiene que defenderse y para hacerlo, comienza a cubrir el objeto indeseado con capa tras capa de una sustancia lustrosa que se llama nácar. Poco a poco, lo que alguna vez fue un simple granito de arena va creciendo con todas las capas hasta que se convierte en un verdadero tesoro escondido al interior de la ostra.

Y si no fuera porque han sido heridas alguna vez, las ostras nunca podrían producir perlas.

¿Te has sentido lastimado por palabras hirientes que crees no merecer? ¿Has sido ignorado por personas que amas, tus ideas han sido rechazadas? Entonces disponte a crear una perla. Utiliza el bálsamo de la compasión para cubrir tus heridas, en lugar de cultivar resentimientos u odios o afectar tu autoestima. Convierte tu dolor en mayor tesoro, en tu joya más preciada.

Todos aquellos que han sufrido y se cubren de compasión y aceptación pueden crear perlas. Te invito a que seas uno de ellos.

La lección de la mariposa

Un día un hombre se sentó en un parque a observar durante varias horas cómo una mariposa luchaba por salir del capullo que le había servido de resguardo durante varias semanas. Se esforzaba y se esforzaba, pero el hombre veía que no lograba nada. El capullo seguía cubriéndole casi la totalidad del cuerpo y parecía que la mariposa no iba a poder abandonarlo jamás. Así que el hombre decidió ayudarla. Se regresó a su casa y trajo unas tijeras y con mucho cuidado, asegurándose de no hacerle daño a la bella criatura, fue cortando el capullo hasta que la mariposa logró salir sin más dificultad.

Pero en cuanto vio a la mariposa fuera de su capullo, el hombre se dio cuenta de que algo no andaba bien. Su cuerpo era pequeño, muy débil y parecía que se fuera a quebrar con cada paso que intentaba dar. Sus alitas no estaban lo suficientemente desarrolladas y parecían un par de hojitas marchitas colgándole a cada lado. Sólo podía arrastrarse por el suelo en lugar de volar como cualquier otra mariposa al salir del capullo.

En este caso, la voluntad de ayuda y lo que pudo

parecer un gesto de compasión truncó un proceso necesario, pues el esfuerzo que debe hacer la mariposa para pasar por el pequeño agujero del capullo es en realidad la forma que Dios ha dispuesto para que pueda fortalecer sus alas y su cuerpo para quedar entonces lista para volar.

En la vida Dios a veces nos pone obstáculos y dificultades para fortalecernos y hacernos mejores personas. Sin embargo, no hay que confundir estas pruebas y dejar que nos creen un sentimiento de compasión equivocado, pues son esenciales para nuestro crecimiento. Cada piedra que encontramos en el camino, cada tropiezo, cada fuente de dolor o de angustia es en realidad una oportunidad para crecer y hacernos mejores personas. Así que la próxima vez que te encuentres ante un obstáculo que te parezca infranqueable, piensa dos veces e intenta ver lo bueno que te espera, quizás, al otro lado.

La historia del águila

El águila es el ave más longeva de su especie; puede llegar a vivir setenta años. Sin embargo, a la mitad de su vida, tiene que enfrentar una situación difícil. Sus uñas curvas y flexibles ya no consiguen agarrar las presas y su largo y afilado pico también se curva demasiado. Las plumas de sus alas se vuelven muy gruesas y pesadas, lo cual hace que le cueste más y más trabajo volar. Es entonces que el águila tiene que tomar una decisión: puede dejarse morir de hambre, pues poco a poco dejará de ser capaz de cazar, o puede iniciar un largo y doloroso proceso de renovación que le tomará cinco a seis meses.

Para iniciar este proceso, el águila encuentra un lugar alto en la montaña en donde se construye un nido cerca de una piedra. Allí comienza a golpearse y golpearse el pico hasta que por fin logra arrancarlo. En seguida hace lo mismo con las uñas y finalmente con las plumas. Una por una, se va despojando de lo viejo, que ya no le sirve para abrirle paso a lo nuevo. Después de varios meses de este proceso, las uñas, el pico y las plumas del águila han sido reemplazadas y el ave está lista para retomar su vida y emprender vuelo no sólo renovada sino completamente fortalecida.

Siempre que sientas que el paso de los años y las responsabilidades de la vida estén disponiendo demasiado peso sobre tus hombros, piensa en el águila. En lugar de quejarte y lamentarte por tu suerte o por tu condición actual, trata de encontrar cuáles son las cosas en tu vida que puedes renovar y fortalecer. Cada uno de nosotros lleva en su interior todas las herramientas para ser fuertes y felices, sólo se trata de saber cuándo tenemos que sacarlas del olvido y ponerlas en marcha para construir nuevas oportunidades para ser feliz. Si somos compasivos con nosotros mismos, y sabemos reconocer lo que llevamos dentro, podremos, al igual que el águila, alcanzar nuestro más alto vuelo.

Por compasión a nosotros mismos

Un día iba una mujer caminando por un bosque con su hija pequeña en brazos. Había pasado todo el día en el mercado del pueblo intentando vender sus tejidos de lana pero no había tenido suerte alguna, así que regresaba a casa algo desilusionada.

Pero en el momento en que pasó frente a una vieja cueva entre las piedras por la que pasaba todos los días, notó una luz extraña que emanaba del interior. Y de repente escuchó una voz que le dijo: "Ven, mujer, entra y toma cuanto desees, pero no olvides lo esencial".

Loca de alegría, la mujer entró corriendo a la cueva

y encontró allí cantidades de collares, joyas y riquezas, más de lo que sus ojos jamás habían visto. En cuanto comenzó a recoger todas las cosas que podía meter en sus modestos bolsillos, escuchó de nuevo la voz que le advirtió: "Entra y toma cuanto desees, pero recuerda que cuando salgas, la puerta se cerrará y nunca más podrás entrar".

Así la mujer recogió y recogió todo lo que pudo y cuando ya vio que no podía cargar más, se dirigió a la entrada de la cueva y salió. Caminó unos minutos felizmente por el bosque, felicitándose de la gran suerte que había tenido cuando se detuvo en seco, pues recordó que había olvidado a su hija en el piso de la cueva, el lugar donde la había puesto mientras recogía sus riquezas.

En la vida muchas veces nos ocurre lo mismo que le ocurrió a la mujer del cuento: olvidamos lo esencial. Mientras nos preocupamos todo el tiempo por las cosas mundanas y materiales de la vida —los compromisos, el trabajo, las responsabilidades— muchas veces dejamos pasar las cosas que realmente importan: el tiempo que pasamos con las personas que queremos y lo que damos de nosotros mismos al mundo. Cuando corremos sin parar, se nos agota el tiempo de la vida y no nos preocupamos por preservar los tesoros del alma: amor, paz, humildad y sencillez. Por compasión a tu propia vida y el tiempo precioso que te ha sido dado, disfrútala a cada instante.

El tazón de madera

Había una vez un anciano que estaba perdiendo la vista. Ya casi no podía distinguir la luz en sus ojos y a las personas no las podía ver sino como siluetas. Había comenzado a perder el oído también y sus manos temblaban sin parar. El anciano se fue entonces a vivir con la familia de su hijo, quien prometió cuidarlo y ocuparse de él en sus últimos años. Pero el anciano escasamente podía sostener una cuchara en la mano y casi siempre derramaba toda la comida encima de la mesa, el mantel y su propia ropa.

Un día, mientras comía, al pobre viejo le temblaron tanto las manos, que el plato de porcelana en el que estaba comiendo se le cayó al suelo y se desportilló en mil pedazos. La mujer lo riñó y se enfadó tanto que desde aquel día decidieron que ya no se sentaría más con ellos en la mesa. En cambio, le pusieron una mesita pequeña al lado de la estufa en la cocina para que comiera allí, lejos de los ojos de su familia. Y en lugar de comer en la vajilla de la casa, como todo el mundo, le mandaron a comprar un tazón de madera para que no lo pudiera romper.

Sentado en su solitario puesto en la cocina, el anciano muchas veces miraba a su familia comiendo en el comedor, con los ojos llenos de lágrimas.

Un día, el pequeño de la casa se encontraba jugando en el patio con unos trozos de madera. Al verlo tan concentrado, su padre le preguntó:

—¿Qué haces, hijo, con esos trozos de madera?

—Los estoy guardando —respondió el pequeño— para cuando tú y mamá estén viejos, así tendrán un tazón para comer.

Al oír estas palabras, al hombre se le llenaron los ojos de lágrimas y pensó en su padre. Aquella noche le contó a su esposa lo sucedido y desde entonces decidieron que el anciano siempre tendría un lugar con ellos en la mesa. No importaba que derramara la comida, que las manos le temblaran o que rompiera la vajilla. Era su padre, el abuelo de sus hijos, y sólo por eso merecía todo su cariño.

La moraleja de esta historia es desgarradora, pero cierta. Si tratas a tus padres con compasión, amor y respeto, el mensaje que le estarás enviando a tus hijos es que ellos también tendrán que tratarte de la misma manera cuando tú los necesites algún día en el futuro. La verdad es que no importa cuán difíciles sean nuestros padres, siempre los vamos a necesitar y extrañar. Son las personas que nos criaron, que se ocuparon de nosotros durante muchos años hasta que fuimos capaces de hacer nuestras vidas nosotros solos, por lo tanto les debemos toda la compasión y el amor que podamos darles. Cuidando de ellos, no sólo les agradecemos lo que han hecho por nosotros, sino que sentamos los cimientos para el tipo de relación que queremos tener con nuestros hijos en el futuro.

Por otro lado, la moraleja de esta historia también puede aplicarse, de manera más amplia, a todas las personas con las que nos relacionamos en nuestras vidas. Ser compasivo significa aceptar a los demás tal como son, con sus defectos y sus cualidades, por el simple hecho del cariño que sentimos por ellos.

"Aceptar" por Regina Hill

Aceptar significa encontrar
la serenidad interior

para dejar atrás el pasado
con sus errores y sus arrepentimientos
y adentrarse en el futuro
con una perspectiva nueva
apreciando la posibilidad
de tener una segunda oportunidad.

Aceptar significa encontrar
de nuevo la seguridad
cuando son tiempos difíciles
y el consuelo para aliviar
cualquier dolor.
Encontrarás nuevos sueños, nuevas esperanzas
y el perdón del corazón.

Aceptar no significa
que siempre serás perfecto.
Significa simplemente
que siempre superarás la imperfección.

Aceptar es el camino a la paz—
dejar atrás lo peor,
aferrarse a lo mejor,
y encontrar en su interior la esperanza
que corre por la vida.

Aceptar
es la mejor defensa para el corazón,
la mayor riqueza del amor
y la manera más fácil
de seguir creyendo
en ti y en los demás.

Este poema por Regina Hill ilustra con sus bellas palabras lo que es la aceptación. La compasión viene de aceptar al otro tal y como es, y si eres capaz de hacer eso, eres capaz de amar de verdad, desde lo más profundo de tu corazón.

En cualquier situación en la que nos encontremos, el primer paso es aceptar. Una vez que aceptamos lo feo o lo malo de lo que nos está sucediendo, podemos adaptarnos a la situación y luego reenfocarnos para encontrar nuevos sueños, esperanzas, y así elaborar un nuevo plan de acción. Así, la aceptación es el primer paso hacia el cambio.

Un vaso de leche

Un joven vendedor puerta a puerta de implementos médicos se encontraba en medio de su ruta diaria cuando de repente se sintió muy débil, a punto de desmayarse. Tenía muy poco dinero en el bolsillo así que se armó de fuerzas y decidió pedir algo de comer en la siguiente casa que visitaría.

Pero cuando se abrió la puerta y vio a la bella dueña de casa se puso algo nervioso, así que sólo pidió un vaso de agua.

Viéndolo algo débil, la ama de casa decidió traerle en cambio un gran vaso de leche.

El joven bebió la leche con gusto y antes de irse le preguntó a la mujer cuánto le debía por la leche.

—Absolutamente nada —le respondió ella—. Mi madre nos enseñó a mis hermanos y a mí a que nunca aceptáramos dinero por un favor.

Pasaron los años y aquel joven vendedor de implementos médicos se convirtió en un famoso cirujano cuyo renombre se extendía por todo el país.

Un día, mientras se reunía con sus colegas médicos, trajeron a su atención una paciente que tenía un caso muy raro. Al oír el nombre del pueblo de donde venía la paciente, al doctor se le iluminó la cara y subió corriendo a verla a su habitación. En cuestión de horas ya le había iniciado un tratamiento y tras muchos meses de terapia, cirugías y medicamentos, la mujer se recuperó plenamente.

Cuando llegó la hora de que saliera del hospital, el médico pidió ver la factura antes de que le fuera entregada a la paciente. Firmó los papeles, se encargó del pago y escribió en la parte inferior de la factura:

Pagado por completo hace muchos años con un vaso de leche.

Esta bella historia nos muestra cómo la compasión en un momento dado puede traernos frutos que jamás imaginaríamos en el futuro. Cuando hacemos algo por los demás —y cuando lo hacemos teniendo como única motivación el simple deseo de ayudar—, en realidad lo estamos haciendo por nosotros mismos, por nuestra alma y por nuestro futuro. La compasión es dar y comprender al otro sin esperar nada a cambio, sabiendo que es el mejor regalo que podemos dar.

"Paracaídas" por Captain Charlie Plumb

Hace poco estaba sentado en un restaurante de Kansas City. Había un hombre sentado a un par de mesas de distancia que no dejaba de mirarme. Yo no lo reconocí, pero un par de minutos más tarde se levantó y se acercó a mi mesa. Me miró de arriba abajo y dijo:

—Usted es el capitán Plumb.

—Sí —respondí—, ¡ese soy yo!

Continuó:

—Usted voló jets en Vietnam. Trabajaba en el portaaviones Kitty Hawk. *Su avión fue abatido. Cayó con su paracaídas en territorio enemigo y tuvo que pasar seis años en un campo de prisioneros.*

—¿Cómo sabe usted todo eso? —le pregunté, absolutamente atónito.

—Lo sé porque fui yo quien empacó su paracaídas.

Me quedé sin palabras. Me incorporé y me puse de pie para darle la mando a este hombre, y darle las gracias. Él me agarró la mano y dijo:

—Pues, parece que funcionó.

—¡Sí! —le respondí—. Sí que funcionó. Y debo confesar —le dije—, que muchas noches le he dado las gracias al señor por sus hábiles manos, pero nunca pensé que tendría la oportunidad de darle las gracias a usted en persona.

—¿Y estaban todas las partes?

—Pues, señor, voy a serle perfectamente franco —le dije—. De los dieciocho paneles que debía tener el paracaídas, yo sólo tenía quince que estaban buenos. Tres estaban rasgados pero fue mi culpa, no la suya. Salté del jet a una velocidad muy alta, demasiado

cerca del suelo. Así fue que rasgué los paneles del paracaídas. No fue por como lo empacó usted.

Hice una pausa y luego seguí.

—¿Le puedo hacer una pregunta? ¿Le sigue usted la pista a todos los paracaídas que ha empacado?

—No —respondió—. Para mí es suficiente saber que sí funcionaron.

Aquella noche casi no me pude dormir. No podía dejar de pensar en aquel hombre. Intentaba imaginar qué aspecto tendría cuando llevaba un uniforme del ejército nacional, con su sombrero y todo. Me pregunté cuántas veces me habré cruzado con él cuando trabajábamos ambos en el portaaviones Kitty Hawk. *Me pregunté cuántas veces nos habremos dicho "buenos días" o "buenas tardes" o cualquier otra cosa porque, verá usted, yo era un piloto y él no era más que un marinero. ¿Cuántas horas habrá pasado trabajando para empacar cada paracaídas con todo el cuidado del mundo? En aquella época poco me importaba… hasta que un día tuve que utilizar mi paracaídas y fue él quien me lo empacó.*

La pregunta que se impone, entonces es: ¿Cómo van tus paquetes de paracaídas? Y más importante, quizás, ¿quién te busca en sus momentos de necesidad? Y aún más importante, ¿quiénes son las personas a las que tú buscas cuando tu avión se está cayendo? Tal vez sea hora de llamarlas y darles las gracias por haber empacado tu paracaídas.

—Adaptado del cuento "Packing Parachutes"
por Captain Charlie Plumb

Esta historia la cuenta el Capitán Charlie Plumb, héroe de guerra. El cuidado y la atención con la que aquel marinero se esmeró en empacar cada uno de sus paracaídas representan la compasión humana, en todo su esplendor. Aquel hombre extraordinario no sólo se esforzaba en hacer su trabajo lo mejor posible, sino que lo hacía sin saber a quién iba a beneficiar, cuándo o cómo. Y lo que es más, ¡ni siquiera sabía si los paracaídas que con tanto esmero doblaba serían utilizados algún día! Pero hacía su trabajo pensando en todas esas personas a las que tal vez les salvaría la vida, sin importar si lo saludaban al cruzarlo en un pasillo, si se trataba de un soldado, un piloto o cualquier otra persona. Daba sin esperar recibir nada a cambio. Y esa es la mayor expresión de la compasión humana.

Perdón

¿Alguna vez te has preguntado lo que significa realmente la palabra *perdonar*? Desde un punto de vista etimológico, la palabra viene del latín *perdonare*, lo cual significa suspender u olvidar la deuda, la falta o el delito.

Llevado al plano de las relaciones humanas, el acto de perdonar es lo más parecido a la capacidad de amar, pero en una verdadera acción de nobleza de espíritu.

Cuando perdonamos...

Cuando perdonamos, o dejamos ir el dolor de nuestro corazón y lo liberamos de los sentimientos que nos dañan, ponemos a un lado nuestro ego y dejamos que prevalezca la fuerza de la fe que tenemos en la capacidad de superación de las demás personas y de nosotros mismos.

Al perdonar le hacemos un bien a nuestras emociones y renunciamos a todo sentimiento de odio y de venganza, lo cual es una gran muestra de madurez espiritual. Ahora bien, es importante reconocer tam-

Cuando perdonamos, le hacemos un bien a nuestras emociones y renunciamos a todo sentimiento de odio y de venganza.

bién que perdonar es un acto de valentía para el cual nunca debemos anteponer condición: o perdonamos, si somos capaces de hacerlo, o vivimos condenados a revolvernos todo el tiempo en el mal recuerdo de la ofensa que se nos ha hecho.

...Y cuando no perdonamos

El hecho de no perdonar y guardar rencor tiene un efecto tóxico y nos causa daño tanto emocional como físico. Al permitir que este sentimiento negativo viva en nuestro interior, poco a poco se va creando una barrera en nuestras relaciones con otras personas que nada tienen que ver con la experiencia causante del mal recuerdo.

Uno de los efectos más nocivos de la incapacidad de perdonar es el deterioro de las relaciones de pareja que muchas veces se ven afectadas y hasta terminan cuando la intransigencia o el orgullo de una de las dos personas no permiten fluir el entendimiento después de que ocurre un conflicto. En mi experiencia he visto que las personas que se niegan a perdonar son las personas que han perdido la esperanza y optan por vivir condenados al dolor y al rencor. En las voces de quienes transitan por esta experiencia, cuando nos llaman, se escucha el resultado de años de odio, rencor acumulado y falta de perdón.

Cuando aceptamos perdonar es porque en últimas nos importa más la persona por su valor como ser humano que la falta que cometió.

Los beneficios del perdón

Existen diversos estudios que han demostrado los beneficios que propicia el acto de perdonar: cuando aceptamos las disculpas de alguien que nos ha ofendido con sus actos o palabras, las depresiones y otras afecciones del sistema nervioso son menos frecuentes. También nos sentimos más libres, más tranquilos y el dolor se disipa. Muchas veces quienes no perdonan pueden llegar a sufrir de tanto estrés y angustia que no es raro que sufran a largo plazo de ataques al corazón u otras enfermedades relacionadas con el estrés. Perdonar no sólo le hace bien a la otra persona, nos hace bien a nosotros mismos,

Perdonar no sólo le hace bien a la otra persona, nos hace bien a nosotros mismos, pues podemos seguir adelante con nuestras vidas en paz y tranquilidad.

pues podemos seguir adelante con nuestras vidas en paz y tranquilidad.

Cómo superar los obstáculos al perdón

Como todos lo sabemos, perdonar no siempre es fácil, y es posible que muchos se pregunten qué hay que hacer para cerrar las heridas que obstaculizan el acto de perdonar. A continuación te presento algunos pasos sencillos que se pueden seguir para dejar caer las barreras y ofrecer por fin el perdón a quienes nos han causado dolor:

1. Abandona las excusas que tienes para no olvidar las ofensas.

2. Echa a un lado los resentimientos.

3. Renuncia al sentimiento de tenerte lástima a ti mismo, pues muchas veces hará que sigas reviviendo recuerdos tristes del pasado que no permitirán que tu espíritu sane del todo.

4. Elige pensar en cosas positivas que te lleven a la decisión de ser feliz y que te ayuden a recuperar

la esperanza, en lugar de vivir revolviendo los recuerdos emocionales negativos.

5. No analices demasiado el por qué de un pasaje adverso de tu vida; sólo trata de aprender la lección y evita tropezar nuevamente con la misma piedra.

Uno de los obstáculos para obtener paz en el presente es vivir aferrados al pasado y prendados a sentimientos de odio e ira. Si bien es importante perdonar, también es imprescindible ser capaces de olvidar, ya que como lo he explicado anteriormente, los efectos del resentimiento están acompañados de ansiedad, depresión y una constante actitud defensiva que no siempre nos permite disfrutar de la compañía de otras personas.

¿Cómo puedes saber si vives con resentimientos? Es probable que todavía no hayas podido deshacerte de tus rabias e iras si:

- Te mantienes a la defensiva frente a quienes tienen autoridad sobre ti.
- Te exaltas por cualquier cosa insignificante.

- Evitas y temes contacto con algunas personas.
- Ves a tu pareja como un enemigo o enemiga en lugar de como a un amigo o amiga.
- Te lo pasas diciendo frases con sentido sarcástico, precisamente a quienes más cerca están de ti.
- Te sientes inferior a los demás.
- Padeces de dolores de estómago, cabeza o espalda.
- Te cuesta trabajo demostrarles tus sentimientos a quienes amas.
- Piensas que nadie aprecia tus esfuerzos.
- Te sientes abandonado por tu familia.

Puede que sientas algunos de los sentimientos enumerados en esta lista, o puede que ni siquiera reconozcas que forman parte de ti, pero lo importante es que seas capaz de elegir si prefieres vivir con resentimientos o si quieres vivir en paz.

Para ello tienes que abandonar el rol de víctima y tomar responsabilidad de tu vida. Tienes que dejar de hablar de la persona que te hizo daño y hacer algo más fructífero al sentarte a analizar lo que tú estás sintiendo, lo que tú necesitas y, más importante aún, lo que tú estás dispuesto a dar.

Técnicas para perdonar

Para ayudarte a aprender a perdonar, voy a sugerirte que empieces a construir listas. El sentarte a analizar lo que estás sintiendo y la forma en que estás actuando será el primer paso hacia el perdón.

1. Haz una lista de los sentimientos negativos que te hacen recordar a esta persona. Escribe todas las situaciones. Por ejemplo: "Recuerdo cuando mi madre me abandonó y vino a los Estados Unidos. Yo sentí que ella no me quería, se fue sin mí y me dejó en una situación precaria". Escribe todo lo que te ocurrió en ese tiempo, los detalles de las personas envueltas y cómo te sentías.

2. Cuando hayas terminado, respira profundamente e intenta controlar esas emociones. Recuerda, eres tú quien crea estas

emociones y por lo tanto eres perfectamente capaz de controlar la forma en que reaccionas a ellas.

3. Encuentra un lugar donde te puedas sentar y con una silla delante de ti, imagina a la persona que te hirió y dile todo lo que pusiste en esa lista. Trata de recordarla y mírala a los ojos.

4. Le vas a permitir a ella, después que le hayas dicho lo que sientes, que te dé una respuesta positiva de lo que pasó y por qué. Imagínate que esta persona te dice: "Te escucho y veo lo mucho que sufriste...". Imagínate a esta persona mirándote a los ojos, aceptando lo que le dices, comprendiéndolo todo. Háblale de tus sentimientos de ira, abandono, tristeza, todo lo que sientes y sentiste.

5. Imagínate a Dios sentado entre ustedes dos, escuchándote. Para aquellos que creen en Dios es un importante paso, pues pone todo en perspectiva. Si no crees en Dios, piensa en alguien a quien respetes en tu vida presente, alguien de autoridad para que te ayude a comprender la situación, quizás alguien que no

sólo te ha ayudado sino quien haya tenido que perdonar algunas de tus acciones.

6. Respira profundo y date cuenta de que puedes dejar ir tus sentimientos de rabia y rencor. Respira profundo y recuerda que eres capaz de perdonar y por lo tanto sentirte mejor contigo mismo.

Otra forma o estrategia es la de escribir una carta a esta persona varias veces sin llegar a enviarla. Después de varias veces de escribir lo que sientes y de procesar, explicar y revisar las razones por las cuales te sientes así, entonces si tienes la oportunidad, puedes enviársela.

Cuando perdonar no es olvidar

En mi programa de radio, hay quienes me dicen que han perdonado, pero que son incapaces de olvidar lo que les hicieron. Les pregunto en estos casos: "¿La persona que cometió la ofensa te pidió perdón? ¿Hablaron y analizaron lo que pasó?". Si la respuesta es no, entonces es cierto que así es muy difícil perdonar.

El perdón, para que sea real, lleva un proceso cuya

base está en el diálogo. Perdonar es permitirte analizar tu responsabilidad en lo que ocurrió, es darte tiempo y que te den tiempo para sentir tu dolor y pasarlo. Si no te das permiso y tiempo de sentir el dolor y la ira que lo acompaña, ese resentimiento comenzará a "descomponerse" en la mochila donde guardamos aquello que nos ha herido. Con el tiempo, todo este dolor que guardamos en el fondo de la mochila se pudrirá hasta enfermarnos.

Perdonar es permitirte analizar tu responsabilidad en lo que ocurrió, es darte tiempo y que te den tiempo para sentir tu dolor y pasarlo.

Este proceso lleva su tiempo. Principalmente respetamos nuestros sentimientos, sin imponérselos a nadie, comenzamos a olvidar y, por supuesto, la persona que nos hirió debe comenzar por demostrar su arrepentimiento, lo cual nos ayudará con el proceso de perdonar y olvidar.

Pensamientos e historias

Guarda siempre el mejor recuerdo

Cierta vez, después de una accidentada y larga travesía por el desierto, dos amigos se vieron perdidos. Ante la angustia de no tener agua o alimentos, se irritaron mucho hasta que comenzaron a lanzarse ofensas mutuamente. Una cosa llevó a la otra y la riña terminó en puñetazos.

Cuando concluyó el altercado, el más débil de los dos se encontraba lastimado y con mucho dolor, pero sin decir palabra escribió sobre la arena un recordatorio: mi mejor amigo hoy me lanzó una bofetada. Su amigo no comprendió la razón de aquel gesto, pero no dijo nada.

Los dos amigos siguieron su camino y por suerte divisaron, no muy lejos de donde estaban, un oasis en el que encontraron enormes pozos de agua que les permitió saciar su sed y hasta tomar un baño.

El regocijo del hallazgo los entretuvo tanto que el más agotado por los efectos de la golpiza comenzó a ahogarse. Sin vacilar, su amigo se tiró al agua y puso todo su esfuerzo en sacarlo hasta que lo salvó.

Nuevamente el amigo salvado dejó escrito un recordatorio, esta vez sobre una piedra donde talló la frase: mi mejor amigo hoy me salvó la vida.

Esta vez, el otro sintió curiosidad de esta reacción y le preguntó por qué había preferido la arena para marcar la ofensa y la piedra para marcar la buena acción. Sin demoras, su amigo le aseguró: dejar escrito nuestras ofensas sobre la arena permite que los vientos del perdón traigan consigo el olvido para así borrar el dolor y el sufrimiento. Sin embargo, cuando alguien tiene una buena acción con nosotros, debemos grabarlo sobre piedra, para que el tiempo ni ningún otro efecto pueda deshacer ese buen recuerdo.

La lectura de esta historia nos enseña que es importante permitir que el tiempo se encargue de sanar las heridas del espíritu y sólo fijar en nuestras memorias aquellas buenas acciones que nos recuerdan el amor de otras personas hacia nosotros.

Por eso, cuando encontramos en nuestro andar a esas personas especiales que nos permiten el regocijo del alma, debemos apreciarlas en todo su valor y corresponderles con igual afecto, sin olvidar nunca lo que han hecho por nosotros.

Al leer esta historia recordé a una amiga que tengo desde la niñez. Siempre he compartido muchísimo con ella y toda su familia; sus hijos y los míos se llaman primos, y hasta se han bautizado los hijos entre sí.

Sin embargo, recuerdo que han habido situaciones en las que ella me ha herido, quizás sin darse realmente cuenta, ya que parte de su personalidad es ser tremendamente honesta. En una ocasión lo fue demasiado, y cuando le dejé saber mi disgusto por lo que había dicho, ella me pidió perdón.

Ese agravio lo escribí sobre la arena. Hay muchas otras acciones de esta amiga que tengo escritas sobre piedras que hemos dejado a lo largo del camino: las veces que me acogió a mí o a mis hijos en su casa. Las veces que me acompañó cuando tenía problemas médicos o cuando estaba pasando por circunstancias difíciles. Esos son los gestos que he tallado muy profundamente en la piedra. Su amistad es demasiado valiosa para dejarla perder y así me he encargado de recordármelo y recordárselo cada día que puedo.

¿Contaminas tu corazón?

Se cuenta que un día, cuando un experimentado maestro tuvo que explicarle a sus alumnos lo que es el resentimiento, les pidió que trajeran a clase varias papas y una bolsa de plástico.

El maestro les dijo a sus alumnos que metieran las papas en la bolsa de plástico y que en ella escribieran el nombre de personas hacia las cuales sintieran algún tipo de resentimiento. Una vez hecho, el maestro les explicó que el ejercicio consistía en que durante una semana, los estudiantes traerían a cualquier lugar aquella bolsa llena de papas. Como es lógico, con el paso del tiempo las papas se fueron descomponiendo y los estudiantes se fueron dando cuenta de lo incómodo que resultaba trasladarse de un sitio a otro con aquella carga.

Además, como no podían desprenderse de la bolsa por demasiado tiempo, los muchachos se fueron dando cuenta que mucha de su atención y energía se les iba en atender aquella responsabilidad, mientras quizás desentendían otros asuntos de importancia.

La acertada experiencia les enseñó a los jóvenes como muchas veces las personas que acumulan sentimientos enfermizos como papas descompuestas desperdician lo mejor de sus vidas. Los estudiantes comprendieron que aquella determinación por acumular preocupaciones por cosas innecesarias los mantenía bajo un constante estrés, les hacía perder el sueño y los contrariaba. Vieron entonces que si decidían poner a un lado aquella carga, podían liberarse y recuperar la calma del espíritu para sentirse libres.

Y así fue que el sabio maestro les ayudó a comprender que el resentimiento surte el mismo efecto que un tóxico que tomamos por porciones a diario y termina envenenándonos. Y así vieron que contrariamente a lo que muchos piensan, el perdón es un regalo, pues el verdadero beneficiado es quien se dispone a perdonar. Al disculpar al otro es él quien se libera de una carga.

El simple hecho de vivir apegado a los resentimientos te mantiene encadenado al pasado, a algo que ya no puedes cambiar. Tal y como ocurrió con las bolsas de papas que tenían que cargar los estudiantes, llevas encima un peso muerto que no te causa más que ira, cansancio y agotamiento. Por supuesto, perdonar no significa estar de acuerdo con lo ocurrido, ni mucho menos aprobarlo, pero sí significa aceptar que ya pasó y que es necesario desechar todos los sentimientos negativos que nos provoca ese mal recuerdo.

En muchos casos, lo primero que debemos hacer es aprender a perdonarnos a nosotros mismos, pues vivimos culpándonos por todas esas cosas que no fueron como esperábamos. Perdonarnos es la clave para liberar el espíritu. Debemos aprender que es necesario perdonar para que luego los otros puedan ser indulgentes con nuestros errores. Y sólo perdonando podremos encontrar la tranquilidad y la paz para buscar la felicidad que tanto añoramos en nuestras vidas.

¿Ofreces lo mejor de ti?

Siempre que alguien nos profesa un agravio debemos considerar si es alguien a quien valga la pena escuchar y si realmente tiene algo mejor para ofrecer. La historia que contamos a continuación es un ejemplo de que a veces, quienes nos ofenden son en realidad quienes merecen nuestra compasión y perdón, en lugar de que les guardemos rencor.

En ocasión del cumpleaños de un hombre muy pobre, un vecino con intenciones de humillarlo le envió como regalo una envoltura conteniendo desperdicios asquerosos y malolientes. Pero, ante la sorpresa de sus invitados, cuando el hombre abrió su regalo, en lugar de mostrarse furioso u ofendido, aceptó el paquete con alegría.

En seguida, y aprovechando la presencia del emisario que se iría de vuelta a donde su vecino, el hombre le pidió que esperase y muy gentilmente preparó un precioso arreglo de flores blancas, rojas, rosadas y amarillas. Luego tomó una tarjeta adornada de un lindísimo dibujo donde escribió con su mejor caligrafía: "Cada uno regala de lo que posee".

La moraleja de esta anécdota es más que evidente: no malgastes tu energía y tus sentimientos entristeciéndote por la mala actitud de algunas personas que no merecen tu atención. El mundo está lleno de personas mezquinas e inconsecuentes, y no debes dejar que éstas te afecten sin razón. Las personas que tienen malas intenciones las tienen independientemente de lo que tú puedas decir o hacer. Su mezquindad la llevan adentro, y esto nada tiene que ver contigo; tiene que ver con ellos. Aprende a dominar tus emociones y no cedas terreno a los impulsos, sin antes emplear la calma. No le des importancia sino a lo que la merezca, pues si guardas rencor estarás dejando secar tu corazón mientras consideras que otro es el culpable de tus penas.

Cede a tu voluntad de perdonar

A mediados del siglo pasado, en circunstancias de soledad y después de haber tenido cada cual una infancia tormentosa, Agustín y Anicia se conocieron. La atracción carnal que sintieron el uno por el otro fue tal que de repente se vieron atados en una relación amorosa para la cual no medió ningún tipo de reconocimiento previo.

Pero como era de esperarse, esta pareja, que con tanto furor se deseaba, tenía también muchas diferencias, y a menudo peleaban y discutían con mucha vehemencia. Entre andares, disgustos y reconciliaciones continuas, esta relación se mantuvo, a veces por deseo de ambos, a veces porque Anicia no aceptaba perderlo. Agustín muchas veces le fue infiel a Anicia, y ella lo sabía, pero la atracción que sentía por Agustín la devoraba. Por más dolor que le causaran sus infidelidades, siempre se decía que no podía dejar ir a un hombre cuyo atractivo físico le valía la indiscutible admiración de todas las mujeres.

Pero el tiempo pasó y con él llegaron los hijos. Los problemas seguían, pero pronto los hijos se convirtieron en el pretexto para mantener viva aquella relación deformada por el rencor y por los errores cometidos. La ira y el resentimiento fueron haciéndose cada vez más presentes, hasta convertir la unión en una verdadera convivencia de enemigos.

Durante muchos años, y a pesar del odio que habían llegado a sentir el uno por el otro, la pareja se mantuvo junta, por el bien de sus hijos. Pero una vez se fueron de la casa para armar sus propias vidas, Agustín decidió partir y salir de aquella relación desgastadora. Pero era tanto el odio y el rencor en el que habían vivido, que la separación, al igual que la convivencia, les trajo a ambos mucho dolor, dejándolos con una sensación de vacío inmenso.

Sin embargo, con el paso de los años, Anicia llegó a comprender que el no haber sido capaz de perdonar realmente a Agustín, le había hecho más daño que bien. Lloró a solas por haberse dejado arrastrar por el orgullo y las opiniones de quienes presionaron para que concluyera con aquel matrimonio del que ella siempre vivió lamentándose.

Hoy en día Agustín se ha vuelto a casar y Anicia padece la soledad de una soltería que pregona a los cuatro vientos. Su dolor y su arrepentimiento son inmensos, y el hecho de no haber podido perdonar a Agustín desde el fondo de su corazón cuelga aún sobre su cabeza como una espada de Damocles. En lugar de ser capaz de reconstruir su vida y transformarla en algo positivo y real, ha vivido una vida de dolor y odio que ha carcomido hasta lo más profundo de su ser.

Esta historia real todavía tiene sus secuelas. Anicia continúa amarrada a sus resentimientos y tristezas. Se amarra, se abraza a su dolor, como modo de castigo personal. Así ocurre cuando nos amarramos a algo que ocurrió en el pasado y que desafortunadamente ya no podemos cambiar.

Sí, fue doloroso, pero como nosotros somos quienes escogemos lo que nos identifica, podemos ya sea abrazar la trágica historia de nuestro pasado o más bien pasar la página y forjarnos un futuro nuevo, con todo lo que eso implica de esperanza. Anicia ha decidido permanecer atada al pasado, pero si tan sólo tuviera el coraje de cerrar aquel capítulo doloroso perdonando a Agustín y, más importante aún, perdonándose a sí misma, encontraría que tiene toda una vida por delante.

Hay veces que todo lo que tenemos que hacer es mirar a nuestro alrededor y agradecer lo que tenemos ahora en lugar de enfocarnos en lo que hemos dejado de tener. He ahí el verdadero secreto de la felicidad.

La importancia del perdón

Hay un proverbio inglés anónimo que utilizo mucho cuando trato de explicar la importancia del perdón:

> *"Cuando apuntas con el dedo, recuerda que los otros tres dedos te señalan a ti"*.

La sabiduría contenida en esta frase nos hace pensar en los momentos en los que tenemos un desacuerdo con otra persona y adoptamos una posición combativa en la que dejamos caer todo el peso de la culpa sobre el otro y lo enjuiciamos todo el tiempo. Pero si nos detenemos un momento, veremos que no todo es así, y te garantizo que nunca, nunca, es la otra persona la que carga con toda la culpa.

Observa tu mano cuando la levantes para señalar a otro con un dedo y podrás darte cuenta que otros tres de tus propios dedos te están señalando. Analiza que en medio de un conflicto, la cuestión no es culpar, sino asumir alguna responsabilidad de lo que haya ocurrido y también comprender o tener compasión por la otra persona.

Si fijamos nuestra atención en esos tres deditos y analizamos nuestra parte en la discusión o el problema, posiblemente descubriremos uno, dos o tres aspectos en los que contribuimos a que sucediera. Y en lugar de enfurecernos, esto debe darnos la tranquilidad de que al ser parte del problema, somos también parte de su solución.

El hecho de reconocer y tomar responsabilidad de una situación abre las puertas a un entendimiento, pues a la otra persona no le queda otra alternativa que escucharte y reconocer sus propios errores.

Atarte al dolor o quedar libre, la decisión es tuya

En un lejano país, dos hombres habían sido compañeros de prisión durante años. Además de los maltratos y humillaciones a los que fueran sometidos, compartían la experiencia de haber sido condenados injustamente. Sin embargo un día ambos fueron liberados y cada cual, por separado, continuó el curso de su vida.

Al reencontrarse muchos años después, uno de ellos le preguntó al otro si recordaba la crueldad de los carceleros y los vejámenes a los que habían sido sometidos durante su tiempo en la prisión.

El interrogado respondió inmediatamente con una negativa y dio gracias a Dios por haber olvidado aquella época triste de su existencia. Lo sucedido no era para él más que un eco de otra vida en la que jamás se tomaba el tiempo de pensar. Entonces se interesó por saber si su amigo experimentaba el mismo bienestar, pero quedó sorprendido cuando éste le aseguró que continuaba odiando a quienes lo habían hecho sufrir.

Dirigiéndole una mirada compasiva a su amigo, el hombre liberado del rencor le dijo: "Continúas entonces tras las rejas de la prisión porque no has sido capaz de liberar tu mente, que es nuestro principal juez".

Aunque no hayas vivido una experiencia similar, quizás conozcas a alguien que en algún momento ha sido víctima de la injusticia. Sin embargo, por más dolor y pena que te haya causado, vale la pena preguntarse: ¿Qué resulta más lógico para tu bienestar espiritual? ¿Permanecer remordiéndote siempre por ese momento oscuro o convencerte de que ya pasó y proponerte firmemente disfrutar de un presente feliz?

La decisión es tuya: puedes dejarte carcomer por tus rencores y vivir una vida tras los barrotes, o deshacerte de ellos y hacer de tu existencia un regalo de felicidad.

La nobleza de sentimientos puede más que el rencor

Todo el que ha ido a España conoce muy bien la rivalidad que existe entre madrileños y catalanes. Ya sea en el fútbol, en las artes o en cualquier otro aspecto, se dice que los madrileños y los catalanes son como el agua y el aceite. Pues es por causa de esta histórica rivalidad que José Carreras y Plácido Domingo, los dos virtuosos españoles del género lírico, tuvieron un disgusto de orden político y no se podían ni ver.

Dado el prestigio y el talento de ambos artistas, durante muchos años su presencia fue solicitada en los escenarios más prestigiosos del mundo. Ambos tenores aceptaban las invitaciones con gran gusto, pero ponían sólo una condición: que sólo se presentarían si el otro no estaba presente.

Esto duró varios años hasta que un día el mundo recibió la desgarradora noticia de que José Carreras estaba enfermo y tenía leucemia. Aquel día de 1987 cambió para siempre la dificultosa relación entre los dos tenores.

Carreras se vio obligado a iniciar un tratamiento contra la temible enfermedad, lo cual lo obligó a distanciarse de su trabajo como artista y a realizar viajes distantes para someterse a costosos tratamientos que poco a poco fueron debilitando sus finanzas.

Al percatarse que no tenía suficiente respaldo financiero para continuar con los tratamientos, supo de una fundación basada en Madrid, cuya finalidad era apoyar la cura de enfermos de leucemia. Y gracias a la ayuda de la institución, José Carreras pudo vencer el padecimiento y volver a los escenarios.

Una vez curado de su enfermedad, Carreras quiso asociarse a la fundación y se sorprendió cuando al leer los estatutos descubrió que el fundador, presidente y mayor colaborador de la fundación era precisamente su más ferviente adversario: Plácido Domingo.

Descubrió también que Plácido Domingo había creado la institución para que él pudiese recibir atención, y que al hacerlo prefirió mantenerse en el anonimato para así evitar que su rival se sintiera humillado.

Un conmovedor encuentro se produjo entre ambos cuando en una de las presentaciones de Plácido Domingo en Madrid, Carreras interrumpió el evento y con humildad, postrándose a los pies del tenor, le pidió disculpas y le dio las gracias por toda la ayuda recibida en presencia de todos. El incidente quedó sellado con un fuerte abrazo que dio inicio a una entrañable amistad.

Tiempo después, al ser entrevistado Plácido Domingo le preguntaron por qué había creado aquella fundación para favorecer al hombre que además de haberlo tratado como enemigo, podía competir con él, y el tenor respondió: "Porque una voz como esa no se puede dejar perder".

Sin lugar a dudas, esta conmovedora historia de la vida real nos enseña que ante circunstancias excepcionales se pone a prueba la nobleza de sentimientos de las personas, y que sólo quienes tienen un corazón limpio se sobreponen a cualquier lastre de rencor.

Sin embargo, no debemos pensar que el perdón es algo que sólo está al alcance de unas pocas personas dotadas de una gracia y una generosidad particular. *Todos* tenemos la capacidad de perdonar y *todos* llevamos en nuestro interior la fuerza y la humildad necesaria para perdonar a nuestros más feroces enemigos sin importar la magnitud de sus ofensas.

Cerrando puertas

Siempre es preciso saber cuándo se acaba una etapa de la vida. Si insistes en permanecer más allá del tiempo necesario, pierdes la alegría y el sentido del resto. Cerrando círculos, cerrando puertas o cerrando capítulos, como quieras llamarlo, lo importante es poder cerrarlos y dejar ir momentos de la vida que se van clausurando.

¿Terminó tu trabajo? ¿Se acabó tu relación? ¿Tienes

que cambiar de casa? Puedes pasarte mucho tiempo "revolcándote" en los porqués, en rebobinar el cassette y tratar de entender por qué sucedió tal o cual hecho. El desgaste va a ser infinito porque en la vida tú, yo, todos y todas estamos encaminados hacia el cierre de capítulos, a dar vuelta la hoja, a terminar con etapas o con momentos de la vida y seguir adelante.

No podemos estar en el presente añorando el pasado, ni siquiera preguntándonos por qué. Lo que sucedió, sucedió y hay que soltarlo, hay que desprenderse. ¡Los hechos pasan y hay que dejarlos ir!

Los cambios externos pueden simbolizar procesos interiores de superación. Dejar ir, soltar, desprenderse. En la vida nadie juega con las cartas marcadas y hay que aprender a perder y ganar. Hay que dejar ir, hay que dar vuelta la hoja, hay que vivir sólo lo que tenemos en el presente.

El pasado ya pasó. No esperes que te lo devuelvan, no esperes que te lo reconozcan, no esperes que alguna vez se den cuenta de quién eres tú. Suelta el resentimiento.

La vida es para adelante, jamás para atrás. Si andas por la vida dejando "puertas abiertas", por si acaso, nunca podrás desprenderte ni vivir lo de hoy con satisfacción. ¿Noviazgos o amistades que no se clausuran? ¿Posibilidades de regresar? ¿Necesidad de aclaraciones? ¿Palabras que no se dijeron? ¿Silencios que lo invadieron? Si puedes enfrentarlos ya y ahora, hazlo; si no, déjalos ir.

Tú ya no eres el mismo que fuiste hace dos días, hace tres meses, hace un año. Por lo tanto no hay nada a qué volver. Cierra la puerta, da vuelta la hoja, cierra el círculo. Ni tú serás el mismo, ni el entorno al que regresas será igual porque en la vida nada se queda quieto, nada es estático. Es salud mental, amor por ti mismo, desprenderte de lo que ya no está en tu vida.

Es un proceso humano de aprender a desprenderse, y humanamente se puede lograr porque te repito: nada ni nadie nos es indispensable. Sólo es costumbre, apego, necesidad. Pero cierra, clausura, limpia, tira, oxigena, despréndete, sacúdete, suéltate.

Perdonar, soltar los resentimientos, dejar atrás las penas es como cerrar puertas. Para seguir adelante en nuestras vidas es necesario dejar atrás todas las ofensas, los dolores, pero también el pasado. De nada sirve rememorarnos mil veces de lo sucedido si nada podemos hacer al respecto. Lo mejor es tomarse el tiempo de cerrar cada etapa, cada relación, celebrarla por lo que es y seguir adelante.

Por qué debemos perdonar

Los esfuerzos que día tras día te van acercando a tus más anhelados propósitos pueden verse dañados si no pones a un lado el más nocivo de los sentimientos: el rencor.

Darle espacio al resentimiento en nuestro ser es como tomar un veneno, pensando que estamos dañando a otro. Si no nos damos la posibilidad de aliviar aquel dolor, el rencor nos invade, se apodera de nuestra alma y la aqueja como una herida que no puede sanar.

La sensación de rencor es como una criatura que puede crecer sin parar todo lo que le permitamos. Es posible que la estés alimentando con pensamientos de autocompasión, pero mientras más la alimentes, más partes de tu ser invadirá y podrá llegar hasta asfixiarte, restándote toda la fuerza que puedes emplear en construirte una vida feliz.

Quien no pone a prueba su capacidad de perdonar, se aísla del mundo y desconoce el valor de los mejores momentos de la vida.

El rencor te abruma al punto de hacerte sentir que la existencia es más difícil y más complicada de lo que realmente es. Por lo tanto es importante comprender que abrigar un deseo de venganza no es una actitud inteligente; la posición que denota sabiduría es regalarnos la paz y soltarnos de la carga que nos agobia.

Perdonar es lo mismo que reencontrarnos con la luz, con lo mejor que hay dentro de nosotros mismos, es decidirte a tomar las riendas de tu propio bienestar y emplear el poder que hay dentro de ti. Cuando eliges el perdón, eliges vivir.

Amor

Antes de tener conciencia de lo que somos, ya conocemos el amor porque para ser concebidos y para que ocurra ese milagro, hubo entre dos seres una atracción y un acto de amor. Después, mientras permanecemos en el vientre de nuestra madre, desde los latidos de ese corazón al lado del cual nos formamos y a través de los alimentos que recibimos de ella en un entorno perfecto, también percibimos el amor.

Sin embargo, aunque conozcamos el amor desde el momento mismo en que fuimos concebidos, es a partir del momento del alumbramiento y según la manera en que somos recibidos que comienza a formarse nuestra percepción acerca del amor.

Factores que alimentan el amor

No todos los padres admiten sin condiciones a su bebé tal como llega a este mundo. Algunos, cuando lo tienen en sus brazos por primera vez, de manera inconsciente comienzan a tratar de descubrir si trae algún defecto o si nació con los detalles físicos esperados. Le exigen habilidades y no limitaciones, y a partir de aquí es que comienzan a surgir requisitos, cuando el amor primero que todo es *aceptación*.

El amor es aceptación, comprensión y empatía.

El amor es también poder ver en los ojos de otro ser humano lo que a éste le pueda provocar alegría. Es decir, es también *comprensión*. Es tener la disposición, sin tener en cuenta tus propios apegos, ideas y creencias, de ponerte en los pies ajenos. En términos psicológicos, a esto le llamamos *empatía* porque somos capaces de identificarnos con las emociones de la persona a la cual le profesamos afecto.

En el espectro de sensaciones involucradas con el amor tenemos además la *compasión*, que incluye el *perdón* y la *clemencia*. Somos capaces de llegar a estos sentimientos cuando dejamos de escuchar a nuestro propio *YO* y hacemos todo lo que esté en nuestras manos para comprender a la persona amada, lo que la mueve y la motiva.

El amor por los hijos

Si tuviéramos que identificar los diferentes tipos de amor, diríamos que el que se siente hacia los hijos es uno de los más fuertes, y hasta puede llegar a ser un sentimiento egoísta porque los vemos como algo muy nuestro a través de quienes aspiramos a inmortalizarnos. De esa misma forma, el niño al crecer, responde al amor que ha recibido y a la manera en que se le ha sido entregado y así, durante los primeros cinco años, se aprende la calidad del amor que después se podrá entregar.

Si lo analizamos desde una perspectiva de fe y asumiendo que Dios es amor, diríamos que todos los seres humanos estamos preparados para dar y recibir el amor ya que somos parte de la creación divina. Partiendo de esta premisa, entonces podemos decir que todos venimos con el amor dentro. La cuestión de si se desarrolla o no tiene que ver con nuestras experiencias y el papel que haya jugado el dolor en nuestras vidas.

El amor adolescente

De la infancia y el poderoso amor entre padres e hijos, pasamos a la adolescencia, cuando comenzamos a experimentar la atracción hacia otras personas. Este amor adolescente puede manifestarse de distintas formas, pero principalmente en el amor fantasía, que refleja lo que necesitamos o al menos pensamos necesitar. Es el amor "relleno" que va satisfaciendo una parte del alma.

Este amor fantasía se produce de manera inconsciente, por eso en las personas que escogemos para depositar nuestro amor, casi siempre vemos reflejadas nuestras debilidades o las que tenemos identificadas como tales y que muchas veces son ficticias. Por ejemplo, los adolescentes muchas veces sienten que un hombre o una mujer físicamente bella o exitosa es la elección ideal para materializar su amor porque sienten que ellos mismos aún no han alcanzado ese nivel de perfección.

El amor de pareja

Sin embargo, cuando avanzamos en las relaciones y maduramos con el tiempo, nos damos cuenta que ese amor que buscábamos para rellenar nuestra vida en aquel entonces, no venía con la profundidad e importancia del verdadero amor.

> El amor es libre y te hace sentir bien contigo mismo, pero no te ata, no te hace desgraciado. El amor es un balance que trae paz a tu vida, sin necesidad de renunciar a ser quien eres.

Así, cuando el entorno de la relación familiar en la que crecimos ha favorecido un estado saludable en nuestras relaciones afectivas y tenemos amor propio, entonces buscaremos a través del amor un equilibrio, un complemento y no una simple forma de llenar lo que no se tiene.

Muchas personas confunden los sentimientos de apego con amor y son dos cosas completamente diferentes, porque el amor es libre y te hace sentir bien contigo mismo, pero no te ata, no te hace desgraciado. Incluso si el objeto de tu amor se te va, eres capaz de asimilar de ese episodio lo que pueda quedarte como aprendizaje.

El amor es más que los apegos impuestos por creencias religiosas, por patrones culturales, por estereotipos estéticos, por el nivel de intelectualidad. El amor es verdaderamente un balance que trae paz a tu vida, sin necesidad de renunciar a ser quien eres.

El amor a lo largo del tiempo

En ciertas culturas, el amor filial entre personas unidas por lazos sanguíneos está, antes que nada, regido por un principio tribal y los lazos afectivos son impuestos. La idea es que el amor en familia ofrezca la oportunidad a los seres que viven en ese círculo a que aprendan las distintas manifestaciones de afecto para que luego, cuando salgan de ese núcleo, puedan proyectar en el mundo todo lo que allí aprendieron.

Se da el caso de algunas familias disfuncionales en las que surgen individuos con una inteligencia emocional que les permite descartar las influencias negativas y crecer siguiendo el ejemplo de otra persona, como puede ser un maestro o un amigo, cuyas referencias positivas adquiridas en otras esferas de la sociedad haya podido observar.

¿Te has sentido alguna vez manipulado por tu pareja? ¿Sientes que al principio experimentabas protección y ahora te sientes excesivamente controlado? ¿En el comienzo de la relación te sentiste deseado y amado y ahora percibes que te ahogas en una rutina sexual insípida? Es que al amor lo pueden dañar la manipulación, la sobreprotección, el exceso de control, el hábito y la rutina, al igual que la descalificación de tus sentimientos y tus deseos terminan causando discordia y quebrantando tu voluntad.

¿Vives con la idea de que solamente se puede amar una vez? Cuando termina una relación siempre queda un recuerdo en la memoria, pero lo más importante es la lección que aprendiste. Cada relación que llega a tu vida es un peldaño que te lleva, si quieres aprender, a conquistar la cima del amor. El amor se puede transformar y así lograr más de un amor en la vida. Efectivamente, el que acaba lo vamos ubicando en el capítulo del olvido y lo que nos queda de esa persona es el afecto normal que sentimos hacia cualquier otro ser humano con el que hemos compartido una parte de nuestra vida.

Con el pasar de los años en una larga relación de pareja, el amor crece a distintos niveles y junto a él nosotros también crecemos. En la medida que maduramos, debemos añadirle al amor ese coeficiente de inteligencia del que a veces carece.

Para construir una relación de pareja sana y llena de amor es importante conocer bien a la otra persona, siempre hacer prevaler lo positivo y tener lo que se llama química, que a veces se traduce en el olor natural del ser amado. Todos estos componentes nos llevan a un compromiso de estabilidad con nosotros mismos a la vez que nos hace sentir completos.

El amor que se siente al final de la vida por aquella persona con la que hemos compartido todas nuestras experiencias y que a veces incluso se ve perturbado por la senilidad es también un entendimiento y una conexión muy especial. Es el sentimiento que se lleva dentro y se proyecta hacia alguien con quien has escrito tu historia de amor.

Pensamientos e historias

Desde una posición de fe

Tan antiguas como el amor son las reflexiones que a través de los tiempos los humanos hemos experimentado y plasmado en textos, a manera de universalizar nuestros criterios con nuestros semejantes. Por ejemplo, en las escrituras sagradas que se refieren en Corintios 13 leemos:

> *El amor es sufrido, es benigno;*
> *el amor no tiene envidia;*
> *el amor no es jactancioso, no se envanece,*
> *no hace nada indebido, no busca lo suyo,*
> *no se irrita, no guarda rencor;*

no se goza de la injusticia,
sino que se goza de la verdad.
Todo lo sufre, todo lo cree,
todo lo espera, todo lo soporta.
El amor nunca deja de ser.

Asimismo, podemos asegurar que todas las personas sustentadas por la fe en un ser supremo encuentran una guía certera y se sienten amadas porque la fe los salva.

Según los niños, ¿qué es el amor?

Los niños en las primeras edades de la infancia poseen una espontaneidad en sus expresiones al igual que un poder de análisis innato que a veces los adultos no percibimos ni valoramos. Pero en medio de su sabiduría infantil, muchas veces ofrecen valoraciones acerca del amor en las cuales debemos reflexionar. Así, no exageraba el pensador cubano del siglo XIX José Martí cuando los nombró "los que saben querer".

"Cuando mi abuela se enfermó de artritis, ella no se podía agachar para pintarse las uñas de los pies. Mi

abuelo, desde entonces, pinta las uñas de ella aunque él también tiene artritis".

—Luisa, 8 años

"El amor es como una viejita y un viejito que son muy amigos todavía, aunque se conocen hace mucho tiempo".

—Juan, 6 años

"Cuando alguien te ama, la forma de decir tu nombre es diferente".

—Antonio, 4 años

"El amor es cuando tú sales a comer y ofreces tus papas fritas, sin esperar que la otra persona te ofrezca las papas fritas de ella".

—Sonia, 6 años

"Hay dos tipos de amor: nuestro amor y el amor de Dios, mas el amor de Dios junta a los dos".

—Manuel, 4 años

"El amor es cuando tú le dices a un chico que él está vistiendo una camisa linda y él se la pone todos los días".

—Cristina, 7 años

"No deberíamos decir te amo sino cuando realmente lo sentimos, y si lo sentimos, deberíamos decirlo muchas veces. Las personas se olvidan de decirlo".

—Camila, 8 años

El precio del amor

Todos los que hemos tenido el privilegio de amar y ser amados, sabemos que por esa entrega siempre hay un precio que pagar. La siguiente historia refleja ese principio:

Había una vez un joven que proclamaba tener el corazón más bello de su tierra. Muchos lo admiraban por tener un corazón tan bello, pues él no tenía reparos en enseñarle a quien tuviera interés pruebas fotográficas de su belleza. Al mirar las fotografías, no era difícil percatarse de que aquel corazón no tenía ninguna marca ni ningún defecto. Era, por así decirlo, perfecto.

Todo el que lo veía coincidía en decir: "¡Es el corazón más bello y perfecto del mundo!". Así que no era de sorprenderse si el muchacho se sentía muy orgulloso de su corazón.

Sin embargo, un día el muchacho conoció a un anciano que, luego de ver las fotos, se atrevió a preguntarle:

—¿Y por qué mi corazón no es tan bello como el tuyo?

Entonces el anciano le enseñó a la multitud su corazón. Todos pudieron ver que, además de latir con mucho vigor, el corazón del anciano tenía muchas cicatrices. En algunos lugares parecía tener parches y en otros parecía que le faltaban pedazos.

El joven al ver el corazón del anciano le dijo:

—¿Cómo va usted a comparar su corazón con el mío? El mío es perfecto y no le falta nada; ¡el suyo está lleno de cicatrices y agujeros!

—Efectivamente —dijo el anciano—. En apariencia, tu corazón parece perfecto, pero la verdad es que yo jamás cambiaría mi corazón por el tuyo.

Continuó explicándole al joven que cada cicatriz representaba a cada una de las personas a quienes había amado.

—Yo le he entregado un pedazo de mi corazón a todas las personas que he amado. Muchas de ellas

también me dieron una parte del suyo, por eso ves algunos trozos que parecen pegados porque nunca eran exactamente iguales a los que yo les había entregado. Pero cada uno de esos trozos me permite disfrutar de los recuerdos del amor que compartimos.

Igual hubo veces que yo entregué pedazos de mi corazón y no recibí nada a cambio, por eso de igual forma ves que tengo algunos agujeros. Es verdad que duelen, que permanecen abiertos, recordándome el sinsabor provocado por esas personas. Quizás algún día corresponderán y llenarán esos vacíos. ¿Ahora entiendes en qué consiste la verdadera belleza?

Al escuchar esas bellas palabras, el joven, en silencio y con lágrimas en sus ojos, se le acercó al anciano, arrancó un pedazo de su corazón tan perfecto y se lo ofreció, y éste del mismo modo le retribuyó. Así, a partir de ese momento, el corazón del joven dejó de ser tan perfecto para volverse más bello.

¡Qué triste sería la vida si no corriéramos el riesgo de amar, por no ceder un pedazo de nuestro corazón!

Esta bella historia ilustra una de las verdades que más olvidamos cuando partimos en busca del amor: ¡el amor no es perfecto! Muchas veces nos causa dolor, tristeza y desengaño, pero no por eso debemos dejar de buscarlo. La belleza del amor está justamente en sus imperfecciones, y de toda persona que amamos o que nos ama hay algo para aprender.

No pases tu vida intentando tener un corazón perfecto; mientras más amor le entregues al mundo, sin importar las consecuencias, más amor recibirás.

La pureza del amor lo vale todo

Una niñita resultó castigada por haber desperdiciado un rollo de papel dorado en la envoltura de una caja que había querido entregar como regalo de Navidad. En aquel momento su familia pasaba por una situación económica bastante apretada y el padre, agobiado por las presiones, se mostró muy disgustado con su hija hasta que a la mañana siguiente la niña le dejó saber que el obsequio era para él.

El padre, visiblemente avergonzado por su reacción, decidió felicitar a su hija, pero apenas abrió el regalo se puso de nuevo iracundo cuando se dio cuenta que la caja con la bella envoltura estaba completamente vacía.

insultó a la pequeña, acusándola de
pues la caja no llevaba nada adentro. La
ró, pero cuando logró por fin calmarse
decirle a su padre que la caja contenía los miles de besos y el cariño que ella había depositado ahí dentro para él.

Se cuenta que el hombre guardó aquella caja dorada muy cerca de su dormitorio y que siempre cuando los momentos difíciles agobiaban su vida, se confortaba con una de las caricias imaginarias que su hija le había regalado en aquella caja dorada.

El amor es un regalo, el regalo más valioso y más precioso de todos. No se puede despreciar o rechazar, ni mucho menos comparar con cualquier regalo de orden material. Cuando recibimos el amor de otra persona, debemos tratarlo con el mayor cuidado, pues es un regalo que nos alimentará y nos dará fuerzas en los momentos de tristeza, debilidad o preocupación. En los momentos más difíciles de tu vida, saca aquella caja dorada y envuélvete en el cariño que te tienen todos tus seres más queridos.

¿Qué esperas del amor?

Había una vez una pareja de novios que siempre buscaba la soledad y la belleza de un jardín para sus momentos especiales de cariño. Allí se pasaban horas juntos, compartiendo risas y susurros, como cualquier pareja de enamorados.

Siempre que iban al jardín se encontraban con Juan, un jardinero, que les había tomado afecto y que tenía una que otra palabra de sabiduría que ofrecerles.

Llegó el momento en que los enamorados quisieron unir sus vidas a través del matrimonio y entonces le preguntaron a Juan lo que debían hacer para mantener su amor siempre fuerte y reluciente.

Con una sonrisa amable, Juan les respondió:

—Yo no soy tan sabio; yo sólo aprendí por medio de golpes duros y a veces con caricias lo que debe ser el amor. No dejen que su amor sea como el muérdago hacia el roble, que hunde sus raíces en su tronco para chupar su savia y su fuerza. Que tampoco sea como el de la aliaga con el retoño del pino, que crece y lo envuelve hasta que lo asfixia entre sus espinas. El amor debe ser como el de los árboles. Cada uno de ellos abraza la tierra con sus propias raíces, elevando sus

ramas como brazos extendidos al cielo, agradeciendo cada amanecer. Tengan la precaución de que sus raíces crezcan a cierta distancia, así las de uno no tuerce las del otro, y que tuerza a su vez el tronco, impidiéndole buscar las nubes. Mantengan la distancia apropiada en cada momento, para que la tierra se pueda humedecer al caer de la lluvia, y que ésta llegue a sus raíces. Que el uno y el otro pueda recibir el viento que limpia las hojas secas de sus ramas —concluyó.

—Ese es el amor —dijo finalmente Juan—. Nos permite crecer y alcanzar nuestras metas sin entorpecer nuestro crecimiento ni nuestra misión.

Cada uno de nosotros haría bien al llevar las palabras del sabio Juan en su corazón. El amor es algo bello y enriquecedor, pero si no nos esforzamos por tratarnos unos a otros con todo el cariño, el respeto y el apoyo necesarios, aquel amor que tanto buscamos se puede marchitar y perder su lustro.

Cuando nos enamoramos de alguien es muy fácil dejarse llevar por los sentimientos y querer entregarse, de lleno, el uno al otro sin que importe nada más. Pero para que este amor que tanto queremos pueda subsistir, tenemos que asegurarnos de respetar la individualidad de cada cual para poder seguir creciendo y viviendo uno al lado del otro.

El verdadero amor

Si pudieras describir el verdadero amor, ¿qué dirías? Me imagino que dirías que debe ser permanente: en lo bueno y lo malo, siempre debe estar ahí. Debe ser desinteresado y no egoísta, ¿cierto? Pues déjame contarte una historia:

> *Una vez, un hombre ya mayor fue a una clínica a que le curaran una herida que tenía en el pie. El hombre estaba impaciente y se veía con cierto apuro: no dejaba de consultar su reloj a cada rato. Preocupada, la enfermera le preguntó por qué tenía tanta prisa.*
>
> *—Todas las mañanas voy a desayunar a la residencia de ancianos que queda no muy lejos de aquí —respondió —. Desde hace unos años, allí se encuentra mi mujer, que tiene un Alzheimer muy avanzado.*
>
> *La enfermera se apuró y le preguntó al hombre si su esposa se preocuparía mucho si él llegaba tarde a la cita.*

—No —respondió el hombre muy tranquilo—, hace ya mucho tiempo que no me reconoce.

Extrañada, la enfermera le preguntó por qué, si ella ya no lo reconocía, él se apuraba tanto por ir a desayunar con ella todas las mañanas.

Con una sonrisa amena, el hombre miró a la enfermera a los ojos y le respondió:

—Aunque yo sé que ella no me reconoce ni sabe quién soy, yo sí la reconozco a ella y sé lo importante que ha sido para mí a todo lo largo de mi vida.

Conmovida, la enfermera se quedó sin palabras un momento. Luego dijo:

—Ese es el tipo de amor que yo quiero encontrar.

Y así es, el amor verdadero no se reduce a lo físico ni a lo romántico. No se trata de atracción sexual, de rosas o de chocolates. El amor verdadero es la aceptación total y absoluta no sólo de lo que se es, sino de lo que se ha sido, de lo que será y de lo que nunca podrá ser.

El amor encierra compasión y agradecimiento. Encierra paciencia y perdón. Abarca la totalidad de nuestras vidas tanto cuando damos como cuando recibimos.

Quiérete a ti mismo

El amor que nos tenemos a nosotros mismos es, en parte, lo que nos permite amar a los demás. El talentoso músico Facundo Cabral habló sobre este tema muy elocuentemente:

> *No estás deprimido, estás distraído, distraído de la vida que te puebla. Distraído de la vida que te rodea: delfines, bosques, mares, montañas, ríos.*
>
> *Además, no es tan malo vivir solo. Yo la paso bien, decidiendo a cada instante lo que quiero hacer, y gracias a la soledad me conozco; algo fundamental para vivir…*
>
> *No estás deprimido, estás distraído, por eso crees que perdiste algo, lo que es imposible, porque todo te fue dado. No hiciste ni un solo pelo de tu cabeza, por lo tanto no puedes ser dueño de nada.*
>
> *Además, la vida no te quita cosas, te libera de ellas. Te aliviana para que vueles más alto, para que alcances la plenitud. De la cuna a la tumba es una escuela, por eso lo que llamas problemas son lecciones. No perdiste a nadie; el que murió*

simplemente se nos adelantó porque para allá vamos todos. Además, lo mejor de él, el amor, sigue en tu corazón…

Haz sólo lo que amas y serás feliz, y el que hace lo que ama, está benditamente condenado al éxito, que llegará cuando deba llegar, porque lo que debe ser será, y llegará naturalmente. No hagas nada por obligación ni por compromiso, sino por amor. Entonces habrá plenitud, y en esa plenitud todo es posible… Dios te puso un ser humano a cargo, y eres tú mismo. A ti debes hacerte libre y feliz; después podrás compartir la vida verdadera con los demás…

No estás deprimido, estás desocupado. Ayuda al niño que te necesita, ese niño será socio de tu hijo. Ayuda a los viejos, y los jóvenes te ayudarán cuando lo seas. Además, el servicio es una felicidad segura, como gozar a la naturaleza y cuidarla para el que vendrá. Da sin medida y te darán sin medidas.

Ama hasta convertirte en lo amado, más aún hasta convertirte en el mismísimo amor. Y que no te confundan unos pocos homicidas y suicidas: el bien es mayoría pero no se nota porque es silencioso. Una bomba hace más ruido que una caricia, pero por cada bomba que destruya hay millones de caricias que alimentan la vida.

—Adaptado del ensayo "No estás deprimido, estás distraído" por Facundo Cabral

Facundo Cabral aquí lo dice mejor que nadie; la vida está hecha para ser vivida, disfrutada, compartida y amada. Todo dolor, toda pena es pasajera si así queremos que lo sea. Lo que importa es mirar siempre para adelante y agradecer todo cuanto Dios ha puesto en nuestro camino.

En esos bellos párrafos nos llama a vivir en el presente. En cada momento estar conscientes de ese mismo momento. No distraernos con boberías que nos apartan de lo que es importante. Es vivir intensamente el presente.

Un gran amor

Ya que el paso de los años puede llegar a hacer mellas en un gran amor, revisa el tuyo y pregúntate si por intenso te ha hecho prescindir de otros amores, o si por el contrario su inmensidad te permite disfrutar de otros sentimientos y relaciones que resultan igual de necesarias. La siguiente historia nos invita a reflexionar:

Cierta vez, una mujer recomendó a su esposo salir con otra. Él, extrañado, consideró que ella buscaba una manera de revivir la llama del amor en aquella antigua relación y le preguntó por qué insistía en hacerlo buscar fuera de su matrimonio lo que allí tenía.

Ella le aclaró de inmediato que tan grande como el amor que se tenían ambos, la otra mujer de quien le pedía que se ocupara era su madre.

Las exigencias del trabajo, las prisas de la vida cotidiana, las obligaciones del hogar y los hijos lo habían alejado inmensamente de este amor y las visitas a su anciana madre se habían vuelto casuales, pero siguiendo los consejos de su esposa, la llamó esa noche y decidió invitarla a cenar.

En un principio, la madre se mostró extrañada por su inusual llamada y llegó a pensar que algo le ocurría. Pero al ver que no se trataba de nada extraordinario, sólo de un deseo de pasar tiempo con ella, la madre aceptó gustosa su petición.

El día de la cita la madre esperaba ansiosamente a su hijo, bellamente arreglada y con el orgullo de haber podido anunciar a sus amigas que había sido invitada a cenar. Fueron a un restaurante en el que su hijo tuvo que leerle el menú, pues sus ojos no lograban descifrar las letras pequeñas.

—¿Recuerdas que cuando eras pequeño, era yo quien te leía antes el menú? —preguntó de repente la madre nostálgica, mientras recordaba aquellas épocas.

Hablaron del pasado y de todo lo que no se habían contado el uno al otro desde hace años. La velada fue maravillosa, entonces ambos decidieron que la repetirían la semana siguiente, y que esta vez sería la madre quien invitaría al hijo.

Pero dicha velada nunca llegó a ser. A los pocos días, la madre amaneció muerta a causa de un infarto. Semanas después de haber perdido a su madre, al hijo le llegó en el correo una carta del restaurante en donde habían cenado diciéndole que su madre había dejado pagada su próxima cena por adelantado.

Lo que nos enseña esta historia es que nunca es tarde para encontrar espacios en nuestras vidas para las personas que queremos. Muchas veces dejamos que el ajetreo del día a día acapare nuestras vidas, haciéndonos olvidar lo más importante. Siempre creemos que más tarde tendremos todo el tiempo del mundo, pero la verdad es que nunca sabemos cuándo se nos va a acabar la vida, y por lo tanto debemos compartirla con las personas a las que queremos y quienes nos quieren.

El amor por los hijos

Tenemos hijos y pensamos que nos pertenecen, que nos deben mucho pues les dimos la vida. Pero el verdadero amor de padres consiste en saber que no sólo somos nosotros quienes les debemos todo a nuestros hijos, sino que es nuestra responsabilidad darles amor, disciplina y sobre todo comprensión. Aquí quiero compartir con ustedes una anécdota que para mí ilustra lo que debe ser el amor por los hijos.

> *Cuando un navío se encuentra anclado en un puerto, pensamos que se encuentra en el lugar más seguro del mundo, y que está protegido.*
>
> *Sin embargo, sabemos también que cuando un navío está en puerto, es porque se está preparando y*

abasteciendo para salir al mar. Todos sabemos, a fin de cuentas, que la función primordial del navío es de salir a navegar y enfrentar los retos y aventuras que le esperan en el mar.

Según qué ruta tome y las condiciones climáticas, el navío encontrará que a veces tiene que cambiar de rumbo. A veces tendrá que detenerse a descansar y otras veces incluso tendrá que desandar el camino andado para poder llegar a donde quiere. Y otras veces necesitará encontrar un lugar para resguardarse y pasar la tormenta.

Así es que cuando regresa al puerto después de haber enfrentado cantidades de dificultades y contratiempos, el navío vendrá fortalecido por la experiencia de haberse enfrentado a los obstáculos encontrados en el camino.

Pero no importa cuánto tiempo se haya ido, cuánto tiempo haya pasado lejos y en tierras extrañas, siempre que regrese a puerto encontrará una multitud de personas felices de verlo.

Así son los hijos. Saben que en sus padres siempre tienen un puerto seguro, un lugar donde sentirse a gusto, fuertes, protegidos. Pero no podemos olvidar que en su esencia los hijos son navíos: su destino es lanzarse al mar para forjarse su propio camino en la vida.

Nosotros como padres les hemos dado seguridad, protección, manutención a nuestros hijos, y eso los prepara para surcar esos mares de la vida, donde van a correr sus propios riesgos y podrán vivir sus propias aventuras.

Nuestros hijos llevarán consigo los ejemplos que adquirieron con nosotros, los conocimientos que obtuvieron en la escuela, pero lo más importante es lo que llevan dentro de su corazón y la materialización de sus experiencias.

La amistad es como los árboles

Cuando se siembra un árbol se está echando raíces.

Cuando se construye una amistad, también. Los amigos son lo que nos ancla al suelo cuando pasamos por tiempos difíciles, son lo que nos alimenta y nos nutre.

A un árbol hay que regarlo y cuidarlo para que crezca sano y fuerte.

A una amistad, también. Las amistades son lo que nos da la fuerza de vivir nuestras vidas, pero si no las cuidamos pueden aminorarse y hasta morir. Cuida siempre de tus amigos y dales todo lo que ellos te dan a ti.

Un árbol nos ofrece sombra y refugio cuando el sol es inclemente, cuando llueve o cuando el viento sopla muy duro.

Un amigo, también. Un amigo nos consuela en los momentos difíciles, nos acompaña a celebrar los momentos de alegría, nos da fuerzas cuando las necesitamos. Un amigo es una presencia que nos acompaña y nos cuida.

Los árboles son sinónimo de eternidad.

Una amistad verdadera dura para siempre.

El amor que se siente por un amigo es el amor más sólido y verdadero que puede haber. Pero para mantenerlo, hay que trabajarlo todos los días. Alimentarlo, regarlo, dar todo de sí y recibir con agradecimiento. Cultiva tus amistadas y haz de ellas una prioridad en la vida. ¡No importa cuán ocupado estés! Un verdadero amigo vale más que cualquier otra cosa.

El amor es una decisión

Un hombre fue a visitar a su psicólogo y le dijo que había dejado de querer a su esposa y que pensaba divorciarse.

El psicólogo lo escuchó con atención mientras el hombre se esforzaba en dar explicaciones; luego le dijo:

—Ámala.

—Pero es que ya no siento nada por ella —se defendía el hombre.

—Ámala —reiteró el psicólogo.

Al ver el desconcierto dibujado en el rostro de su paciente, el psicólogo finalmente agregó:

—Amar es una decisión, no un sentimiento.

Amar es dedicación y paciencia.

Amar es dar sin siempre recibir.

Amar es un verbo cuyo resultado es el amor.

El amor es como la jardinería: hay que arrancar lo que hace daño, preparar el terreno, sembrar, tener paciencia y cuidar.

Y no importa lo que suceda, sean sequías, inundaciones o plagas, siempre tienes que estar preparado para cuidar a tu jardín. Siempre tienes que amar a tu pareja aceptándola, respetándola, admirándola y dándole cariño y afecto.

—Así que si me estás preguntando lo que debes hacer —prosiguió el psicólogo— eso es todo lo que tengo para decirte: ¡ámala!

Sin amor, la vida ¡no tiene sentido! Pero no por eso significa que sea fácil. Amar es una decisión que se toma y se vive todos los días, así que cuida y atesora tu amor como lo más preciado de tu existencia. Eso es exactamente lo que es.

Renacer

La vida es un proceso en el cual nacemos y a lo largo de los años vamos creciendo tanto física como mentalmente. Luego, desde el punto de vista emocional y según sean nuestras experiencias, nos desarrollamos aún más o nos quedamos estancados. Dependiendo de las decisiones que tomamos y los valores según los cuales vivimos, maduramos en nuestras emociones y aprendemos a sobreponernos a los obstáculos y retos que nos va lanzando la vida.

La verdad es que no importa cuánta felicidad alcancemos en nuestra existencia: la vida es —y siempre será— difícil. Sin embargo, no siempre tiene que ser un camino tan arduo y doloroso. Hay veces en las que el agotamiento de la existencia, el peso de los problemas y las dificultades que tenemos que afrontar a diario nos oprimen, pero siempre —y créeme cuando te digo *siempre*— hay una manera de dejar todo esto a un lado y salir adelante. Es cuestión de detenerse un momento, tomar un poco de distancia y encontrar la manera de reinventarnos ante la adversidad.

Lecciones vividas

En el caso particular de mi vida, he llegado a comprender que cuando me siento cansada, con ganas de rendirme y de decir ¡no puedo más!, con una sensación de abandono total, lo que necesito hacer es elevarlo todo a otro plano, al plano del universo, o de Dios, y abrirme a la posibilidad de que lo que debe ocurrir, ocurrirá. Dejo ir toda la tensión, la angustia y el dolor, y me pongo en las manos del Señor, permitiéndole que me muestre el camino y me enseñe una manera de cambiar la situación y seguir adelante.

Siempre tenemos una nueva lección por aprender

Si en los momentos en que afrontamos situaciones difíciles nos reconfortamos con la certeza de que en cada prueba de nuestra existencia tenemos una nueva lección por aprender, podremos sentirnos más fuertes. Con la certeza de que cada reto es una forma de crecer, seguiremos adelante. Echaremos a un lado las limitaciones y asimilaremos los problemas como enseñanzas que conducirán a nuestro crecimiento espiritual. Cada obstáculo en el camino es en realidad una oportunidad de aprendizaje y desarrollo. Sin sufrimiento no hay crecimiento y sin dolor no hay felicidad.

Cada obstáculo en el camino es en realidad una oportunidad de aprendizaje y desarrollo. Sin sufrimiento no hay crecimiento y sin dolor no hay felicidad.

La única forma que podemos renacer a ese estado emocional de positividad, para el cual fuimos creados como especie, es superando esas limitaciones, muchas veces ficticias, surgidas por ideas que nosotros mismos hemos adoptado y que debemos dejar ir.

Tenemos que entregarnos al proceso de cambio

Ahora, renacer no significa borrar todo lo sucedido y comenzar otra vez de cero. Nuestro pasado es nuestro pasado, y las cosas que hemos hecho o experimentado siempre formarán parte de nuestras vidas. Para renacer y aceptar esa fuerza de renovación que llega a nuestras vidas, tenemos que estar dispuestos a aceptar de todo corazón las circunstancias que nos han llevado a este punto en nuestras vidas. Renacer no significa huir de una situación actual dolorosa; significa enfrentarla y encontrar la fuerza para convertirla en algo positivo y fuerte, en algo fundamentalmente mejor.

Para honrar ese propósito de vida, tenemos que tomar la decisión de entregarnos al proceso de cambio, minuto a minuto, convencidos de que algo nuevo va a ocurrir en nuestra vida. El secreto está en hacerlo con fe, pues de esa experiencia, un nuevo ser espiritual y emocional va a renacer.

Llegamos a una etapa en la vida en que no es posible llorar por lo que fue o dejó de ser, ni es posible tampoco retener la juventud física que muchas veces tanto anhelamos. Lo que nos queda es la voluntad y el ánimo para convertir las experiencias vividas en un serum de juventud espiritual, un elixir de sabiduría que nos hará reflexionar sobre aquellas cosas importantes de la vida y nos permitirá reinventarnos y renacer.

Pensamientos e historias

Descubre la música que hay en ti

Como uno de esos tantos genios surgidos en las diferentes épocas de la civilización, en la antigua Italia comenzó a escucharse la música interpretada por un singular violinista llamado Paganini, que algunos consideraban excéntrico y otros pensaban que tenía un talento sobrenatural.

Según cuenta la leyenda, cierta noche en un auditorio repleto de espectadores, la entrada del excepcional músico hizo delirar de júbilo al público, y apenas iniciado el concierto una de las cuerdas del violín se quebró.

Dicen que la orquesta se detuvo, que el conductor

dejó de ejecutar con su batuta, sin embargo, el violinista, entregado a su pasión, no cesó un instante de tocar, aun con su violín en problemas. Entonces la orquesta continuó con la pieza hasta que algunos minutos más tarde, otra cuerda se reventó. Pero para la gran sorpresa del público y los demás músicos, el violinista siguió tocando. Esto sucedió varias veces más, hasta que, milagrosamente, Paganini se quedó interpretando la pieza con una sola cuerda.

Asegura la historia que como si nada hubiera sucedido, durante los minutos que transcurriera aquella interpretación única, Paganini echó a un lado la dificultad de tener entonces varias cuerdas del violín reventadas y así continuó interpretando su música, hasta ver finalizar la pieza que había comenzado.

Con una actitud como esta, Paganini alcanzó la gloria que hoy supera el paso del tiempo, y por eso muchos reconocen en su ejemplo el símbolo de los que continúan adelante obviando lo que pueda parecer imposible, creyendo en sí mismo, en sus habilidades y en su capacidad para producir una música excepcional.

Te propongo que encuentres una lección en esta historia de Paganini y la observes como una oportunidad para crecer y aprender.

En el acontecer diario se nos van rompiendo cuerdas, lo mismo que le ocurrió al músico. En tu caso quizás sea un problema personal lo que te afecta, un conflicto familiar o algún contratiempo en el trabajo. Pero no importa cuántas cuerdas se te hayan roto, recuerda que siempre sobreviven cuerdas para continuar interpretando la melodía de nuestra vida. Siempre hay una manera de seguir el camino y salir triunfante, igual que Paganini.

Aunque haya que encontrarlas, todos tenemos muchas cuerdas y herramientas y una melodía especial para cada momento. Con cada una de esas herramientas podemos mostrar nuestros talentos, los que descubren la melodía que llevamos dentro.

Con la cuerda de la persistencia, por ejemplo, intentarás una y otra vez continuar el camino. Recuerda que en cada uno de estos recomienzos podrás enriquecer tu melodía con nuevos sonidos.

La motivación es lo que te mantendrá descubriendo la belleza del sonido aunque falten cuerdas. Recuerda que sólo con pensamientos positivos descubrirás siempre de cada experiencia lo mejor.

La imaginación te permitirá reinventar e innovar a tu favor, y con la fe en ti mismo —que quizás sea la cuerda más importante— siempre habrá una oportunidad para renacer.

La fortaleza espiritual es nuestra mejor defensa

Con la esperanza de encontrar trabajo, Víctor fue a una gran feria ganadera a la que asistían ganaderos de kilómetros y kilómetros a la redonda para mostrar su ganado, ver los caballos y las vacas de sus vecinos y buscar hombres jóvenes que pudieran trabajar para ellos.

Uno de los ganaderos se acercó al grupo de jóvenes entre los cuales se encontraba Víctor, y los miró a todos muy cuidadosamente.

—¿Buscan trabajo? —preguntó.

—¡Por supuesto! —respondieron todos.

Entonces desde el rabillo del ojo, el ganadero vio a Víctor y por alguna razón le llamó la atención.

—¿Y tú? —le preguntó.— ¿Has trabajado alguna vez en una hacienda ganadera?

—Yo duermo bien cuando sopla el viento —respondió el muchacho.

—¿Qué quieres decir con eso? —preguntó el hombre, sorprendido por aquella respuesta.

—Yo duermo bien cuando sopla el viento —repitió Víctor con mucha calma.

"Este chico debe ser tonto", se dijo el ganadero para sus adentros. Había comenzado a alejarse, pero las palabras del muchacho aún retumbaban en su cabeza. "Yo duermo bien cuando sopla el viento", se repitió a sí mismo. "¿Qué diablos quiere decir eso?"

Al rato, el ganadero volvió a acercarse al mismo grupo. Víctor seguía allí, luciendo muy guapo y honesto. El ganadero decidió volver a intentarlo. Una vez más le preguntó si sabía algo del trabajo del ganadero, y Víctor le volvió a responder:

—Yo duermo bien cuando sopla el viento.

—Bueno —respondió el ganadero algo exasperado—, ven conmigo, ya veremos lo que sabes hacer.

Víctor aceptó el trabajo y se mudó a vivir a la hacienda. Trabajaba muy bien y el ganadero estaba encantado con él. Pero una noche, algo sucedió.

Era tarde y ya todo el mundo se había ido a dormir. Súbitamente comenzó a soplar un viento muy fuerte y el sonido del viento en los árboles despertó al ganadero. De inmediato se puso de pie; su instinto era que venía una tormenta y lo primero que pensó fue en sus reses y sus pilas de heno.

Fue corriendo a la habitación de Víctor y lo encontró durmiendo.

—¡Despierta! ¡Despierta! —gritó.

Pero Víctor seguía durmiendo.

—¡Despierta, te digo! —le gritó, cada vez más furioso—. ¿No ves que está soplando?

Pero Víctor seguía dormido.

—Mañana en la mañana, ¡a este lo despido! —siguió gritando el ganadero y salió para ver cómo estaban las cosas.

Pero allí se encontró con otra sorpresa.

No había ninguna puerta abierta; todas estaban cerradas firmemente. Al abrir la puerta de cada pesebrera, se encontró con que todos los animales estaban adentro, perfectamente a salvo.

"¿Y cómo estará el heno?", se preguntó. "Debe estar desperdigado por todos lados, con todo este viento." Pero se encontró con que no. En realidad estaba perfectamente cubierto y no se había perdido ni un poquito.

En la oscuridad y bajo una lluvia aterradora, el ganadero se paseó por toda su propiedad, intentando encontrar algo que estuviera mal, pero todo estaba perfecto.

Finalmente, ya muerto de frío y totalmente mojado, el hombre regresó a la casa. Subió a la habitación de Víctor y allí lo encontró, profundamente dormido.

A medida que el viento seguía soplando a su alrededor, el ganadero por fin recordó aquellas misteriosas palabras: "Yo duermo bien cuando sopla el viento". Por fin comprendió.

El joven hacía su trabajo con tanto esmero que no tenía nada de qué preocuparse. Podía dormir así hubiera un huracán o un terremoto.

Víctor guardó su trabajo.

—Traducido del cuento "Why Victor Slept So Well"
("Por qué Víctor durmió tan bien") por Arthur S. Maxwell

La moraleja de esta historia es que cuando estamos preparados, ya sea espiritual- o emocionalmente, ninguna tormenta puede desarticular del todo nuestras vidas. Cuando estamos preparados para todo lo que la vida nos puede lanzar, no hay nada que nos pueda destruir. Es cierto, es posible que a ratos sintamos que perdemos el equilibrio o que no nos hallamos, pero si estamos preparados, pronto encontraremos nuestro centro.

Si tú puedes dormir, aun cuando los vientos soplan, significa que no has dejado a un lado la importancia de alimentar tu espíritu.

A veces percibimos señales que nos vaticinan un mal tiempo, sin embargo no siempre nos preparamos para ello. Pero si nos preparamos, viviremos el mal tiempo con menos dificultad.

Algunos padres, por ejemplo, comienzan a observar comportamientos erráticos en sus hijos cuando están creciendo y los dejan al tiempo que puedan cambiar. Si te preocupa alguna actitud o comportamiento en tus hijos, toma acción, enfrenta la realidad y comienza a actuar antes de tener la tormenta encima.

Algo similar ocurre con nuestras relaciones. Cuando andan mal, nos ofrecen señales pero no actuamos, sólo decidimos hacer algo cuando quizás ya es demasiado tarde. No dejes que esto te suceda.

En cada faceta de la vida, ya sea la emocional, la financiera o la profesional, los hechos nos van dando muestras de que tenemos que estar alertas, sobre todo espiritualmente, para responder a las adversidades. Mantente alerta y lee las señales que te envía la vida. Cuando estás atento y preparado, todo se te hará más fácil.

"Que todos tus sueños se hagan realidad" por Collin McCarty

Cuando la vida no es fácil, recuerda lo siguiente: recuerda, en tu corazón, que hay personas que siempre están pensando en ti. Recuerda que siempre habrá un arco iris después de la lluvia. Celebra la maravillosa persona que eres. Y cuando llegue mañana, vuelve a hacerlo todo de nuevo. Recuerda todas las sonrisas que pueden poblar tus días. Convéncete de que serás capaz de ver lo que buscas. Encuentra el tiempo para oler las flores y encuentra el tiempo de compartir tu propia belleza. Considera que el día de hoy es un regalo y que el día de mañana también lo será. Súmale, cada día, una página importante a tu diario y haz que la expresión "vivir felizmente" se haga realidad. Sigue sembrando las semillas de tus sueños, pues si sigues creyendo en ellos, pondrán todo su esfuerzo a florecer por ti.

Cuando la vida nos pone por delante un momento difícil, debemos tomar nuestra inspiración, nuestro aliento y nuestra fuerza de todos los momentos buenos que también hemos tenido. A nuestro alrededor existe un mundo extraordinario poblado de cantidades de personas que nos quieren, y es algo que no podemos olvidar, ni en los momentos más complicados. La vida está llena de tropiezos, pero también de incontable belleza, y aferrarnos a ella en los momentos más difíciles es la manera de siempre salir adelante, fortalecido y listo para seguir viviendo plenamente.

De las tormentas también se aprende

Érase una vez un campesino que le pidió a Dios el don de poder mandar sobre la naturaleza, pues pensó que de esta forma haría rendir mejor sus cosechas.

Dios le concedió el deseo y cuando el campesino pedía lluvia, durante el día se esparcía un rocío ligero que regaba el campo. Igualmente, cuando pedía que hubiera sol, el astro rey brillaba resplandeciente en el cielo. Así, cada vez que necesitaba algo para sus cosechas, el campesino lo pedía y la naturaleza se lo daba con creces.

Pero cuando llegó el momento de recoger la cosecha, el campesino se sorprendió al constatar que en lugar de ser provechosos, los resultados de su cosecha fueron un terrible fracaso. Del trigo que había sembrado sólo salió la mitad, y de una calidad muy inferior a la que estaba acostumbrado. Disgustado, el campesino se dirigió a Dios y le pidió explicaciones de lo sucedido. Entonces Dios le respondió:

—Estimado amigo, pediste que se hiciera tu voluntad, pero olvidaste pedir que sucediera lo que más convenía. No pediste tormentas por ejemplo, que también son necesarias para ahuyentar las aves y plagas que consumen las plantas. No pediste inundaciones ni sequías; no pediste calor ni frío. Al no exponer tu trigo a los elementos naturales, tu cosecha es escasa y de poca calidad, pues jamás se enfrentó a las condiciones reales de la naturaleza.

Recuerda siempre que aunque todos queramos tener una vida sin problemas, hasta los inconvenientes que enfrentamos son necesarios porque nos ayudan a crecer. Las dificultades nos maduran, nos enseñan a valorar las circunstancias en las que debemos meditar. En esos momentos comprendemos que debemos valorarnos física- y espiritualmente, aprendemos a comprender mejor el precio de la vida y entendemos el peso de lo espiritual sobre lo externo.

En los momentos en que parece que no tenemos la

mejor de las suertes, es importante que aprovechemos para observar quienes son nuestros verdaderos amigos y otros seres generosos que eligen estar cerca cuando enfrentamos adversidades.

Las tormentas son necesarias en la vida pues nos enseñan a definir las verdaderas prioridades y aprendemos a enfocarnos en las cosas realmente importantes.

Todo pasa, incluso las tormentas, y tras su paso dejan un aroma de tierra mojada en la que reverdecen los árboles y volvemos a escuchar el canto de los pájaros.

Cambiar de estrategia

Había una vez un ciego que siempre se sentaba a pedir limosna en una esquina de la avenida Madison en Nueva York. Junto a él siempre ponía un pequeño letrero escrito en lápiz que decía: SOY CIEGO, POR FAVOR AYÚDENME.

Pero pasaban las horas y los días, y muy pocas personas se detenían para darle una moneda al ciego. Todos iban muy rápido y estaban muy ocupados para fijarse en aquel hombre desafortunado frente al cual pasaban varias veces al día de camino a la oficina o a la casa.

Sin embargo, una mañana, un hombre que trabajaba en el departamento de publicidad de una gran agencia creativa se detuvo a mirar el aviso del ciego. Sin decir palabra, tomó el letrero, y con su pluma escribió otra frase, y regresó el letrero a su lugar. Satisfecho con su trabajo, sonrió y se fue.

Aquella tarde, cuando ya iba de regreso a su casa, el publicista volvió a pasar frente al ciego y no se sorprendió al ver que el sombrero del ciego, que tantos días había yacido vacío, ahora estaba rebosante de monedas y billetes. El ciego, a pesar de no poder ver al hombre lo reconoció por su olor, y entonces le preguntó:

—Señor, ¿puedo hacerle una pregunta? —y luego de una pausa prosiguió—: ¿Puedo preguntarle qué ha escrito en mi cartel?

—Nada con lo que usted no esté de acuerdo —respondió sonriente.

El publicista siguió su camino y el ciego quedó intrigado, pues nunca supo que su letrero decía: HOY ES PRIMAVERA EN NUEVA YORK, Y YO NO PUEDO VERLA.

Cuando en la vida las cosas no nos están resultando, es bueno cambiar de estrategia. Por seguir el camino que nos hemos trazado al comenzar, muchas veces nos estancamos y dejamos de avanzar, sin comprender por qué. Sin embargo, con un poco de creatividad y manteniendo la mente bien abierta, es posible encontrar simples maneras de cambiar de perspectiva ¡y mejorar nuestros resultados!

Encuentra fuerzas para continuar

¿Alguna vez has observado el comportamiento de las aves? ¿Te has fijado cómo reaccionan cuando se encuentran en una situación difícil?

Los pájaros pasan días fabricando sus nidos. Poco a poco van recogiendo sus materiales, trayéndolos desde muy lejos. Sin embargo, después de todo ese trabajo, y cuando ya están listos para poner sus huevos en el nido, cualquier animal o cambio climático puede llegar a destruir en tan sólo un instante lo que con tantas horas de trabajo se construyó.

Y lo más sorprendente de los pájaros es que, sin importar cuántas veces se repita la destrucción de su nido, ellos siempre vuelven a comenzar su trabajo de reconstrucción. No importa cuántas veces llueva o cuántas veces sufran el ataque de algún animal salvaje, siempre van a levantarse y empezar de nuevo hasta que logran construir un lugar seguro para sus huevitos.

Siempre es difícil recomenzar desde cero, pero aun así el pájaro jamás deja de cantar, ni abandona su propósito.

En la vida, cuando me sucede algo muy difícil, es posible que por un momento mi primera reacción sea de tristeza. Pero después que reflexiono me repito a mí misma que seguramente lo sucedido se está dando por alguna razón y que en realidad se trata de Dios que está intentando enseñarme una lección.

Primero pido a Dios con mucha humildad que me muestre claramente la lección que tiene para mí y también le doy gracias por el momento que estoy viviendo, convencida de que no importa lo que suceda, su bendición siempre me llegará.

Tanto la perseverancia como la fe son actitudes que nos hacen vencedores ante situaciones difíciles. Al igual que los pájaros, que saben por qué tienen que terminar su nido, acepta la fortaleza que te ofrece la energía del universo y encuentra la verdadera intención de lo que tienes que hacer y a dónde quieres llegar.

No te desconectes del universo ni pienses que tienes que avanzar solo, pues existe una fuente de energía universal que, cuando creemos estar vencidos, nos ofrece fuerza para encontrar una determinación.

La perspectiva con la que se ven las cosas

Según la perspectiva con la que se vean las cosas, al intento fallido de conquistar un propósito pudiésemos definirlo como el preámbulo de un posible triunfo y también la oportunidad de haber aprendido algo diferente.

Las veces que volvemos al camino y no llegamos nunca significan que seamos fracasados, sino que sobra fe para creer en un proyecto.

Tampoco podemos sentirnos desgraciados por haber errado en un intento; más bien debemos sentirnos satisfechos por tener el arrojo de arriesgarnos a probar.

Fracasar en un momento preciso no debe nunca disminuir nuestra autoestima, sino hacernos revisar en qué fallamos y en lugar de darnos por vencidos, proponernos una mejor estrategia para futuros intentos.

Equivocarse significa que debemos tener más paciencia, que Dios debe tener reservado mejores planes para nosotros y que de cada revés solamente debemos tomar una lección de aprendizaje.

Siempre hay algo más allá de nosotros

Si la montaña que debes escalar es muy elevada, no desistas del camino antes de intentarlo. Tampoco abandones la empresa porque creas que las cosas no irán bien.

Cuando intentes sonreír y sólo tengas fuerzas para un suspiro, aspira el aire que te da fuerzas y no decaigas. Nunca te rindas porque consideres el camino tapiado de obstáculos, pues renunciar a la esperanza de que florezca la suerte es negarnos a la vida.

Si te sorprendes que te encuentras solo en el camino sin tener quien te respalde, no vaciles, que allá lejos a donde nuestra mirada y nuestra mente no pueden alcanzar, todos tenemos una fuerza de reserva.

Si con los ojos cerrados y haciendo un sencillo ejercicio de imaginación dejamos el pensamiento volar, podremos visitar sitios de amor y encontraremos fuerzas que nos harán sentir libres.

Sabemos que no podemos quitar todo el dolor del mundo, ni resolver de una vez los problemas, pero sí podemos mirar con ojos de amor.

Si confiamos en que todo es transitorio, esperaremos que tras cada tristeza veremos llegar la alegría.

Lecciones de vida

Siempre hemos escuchado que la experiencia y la sabiduría para enfrentar los retos de la vida se adquieren con el paso de los años. También se dice que sólo en la madurez de la existencia se tiene la sensatez y el juicio necesarios para tomar decisiones acertadas.

Lo cierto es que la llamada sabiduría —o pensamiento crítico— no es más que el resultado de una secuencia interminable de tropiezos y equivocaciones que irremediablemente debemos enfrentar cada vez que intentamos o asumimos un proyecto.

De lo que hoy nos sale mal o de cualquier equivocación, ya sea un error práctico o un error de apreciación, aprenderemos la lección para no repetir aquello que nos provocó contrariedad. Asimismo, viviendo y equivocándonos en las decisiones que tomamos, iremos descubriendo no sólo la mejor manera de actuar, sino que seremos capaces de orientar a otros más jóvenes en los desaciertos que ellos cometen en un ciclo que se seguirá perpetuando de generación en generación.

También debemos formar juicio por medio de los problemas y las circunstancias que día a día se presentan y en las que nos enfrentamos a personas que por una razón u otra interactúan con nosotros, ya sean familiares allegados, amigos, vecinos, conocidos, compañeros de trabajo o de estudio. Cada una de nuestras interacciones diarias nos va enseñando algo de la vida (algunas de estas enseñanzas son más importantes o significativas que otras), y cada una forma, de alguna manera, la persona que somos y en la que nos convertiremos. Somos lo que vivimos.

Lo cierto es que la llamada sabiduría no es más que el resultado de una secuencia interminable de tropiezos y equivocaciones. Viviendo y equivocándonos en las decisiones que tomamos, iremos descubriendo la mejor manera de actuar.

En mi programa radial, día a día me encuentro con personas que se enfrentan a situaciones muy difíciles, que quizás yo nunca he vivido, pero que son muy reales. Por lo general son el resultado de decisiones equívocas tomadas en un momento de desesperación, como una vía de salvación de una situación irresistible, pero que inevitablemente llevan a una vida de mayor desesperación. Personalmente he aprendido mucho de estas historias y, más que nada, de la perseverancia y resistencia que todo ser humano puede llegar a sentir.

En la vida también se aprende de las incontables obras de creación literaria que hablan de la vida. Ya se trate de los libros que narran historias reales o de ficción, de una obra de teatro o de cine, siempre encontraremos personajes con los que nos podemos identificar y situaciones que serán de alguna manera similares a la nuestra. También existe la literatura especializada, escrita por psicólogos, pedagogos y sociólogos, que si bien no ofrece recetas mágicas, al menos puede orientar, intentando ayudarnos a encontrar la mejor perspectiva posible a la hora de enfrentarnos a un momento difícil en nuestras vidas.

Ahora bien, nada proporciona más sabiduría sobre la vida que la vida misma, y eso aunque pueda parecer un juego de palabras, significa que, como dijera el poeta español Antonio Machado, "se hace camino al andar". Es decir, aunque haya padres que durante la infancia y la adolescencia estén ahí para guiarnos, o personas, más tarde en la vida, que intentan a toda costa evitarnos los tropiezos, apenas aprenderemos a crecer cuando sintamos en carne propia los efectos de la equivocación o el acierto.

Nada proporciona más sabiduría sobre la vida que la vida misma.

Los padres debemos entonces tomar referencia de esta verdad para no ejercer una acción sobreprotectora hacia los hijos, lo cual no quiere decir que renunciemos a nuestro papel de guías, siempre y cuando esta acción no les trunque la iniciativa, ni les impida ver las cosas desde una perspectiva real.

Es decir, dependiendo del momento y las circunstancias que estén atravesando, los niños y jóvenes deben tener conocimiento de las realidades y tomar participación de ellas o de lo contrario educaremos personas inconscientes e indolentes, incapaces de madurar porque no se ven obligadas a discernir entre lo correcto o lo inadecuado. Si no les hacemos ver los esfuerzos que conlleva alcanzar un objetivo, tampoco les daremos la oportunidad de aprender que la conquista de cualquier meta conlleva una cuota de sacrificio pero también de inmensa alegría.

De tropezar y detenernos de momento para sortear el obstáculo, de caernos y levantarnos buscando la recuperación, de aliviarnos el dolor y tomar fuerzas para seguir, de llorar y secarnos las lágrimas para volver a sonreír, de padecer por el amor que termina y volver de nuevo a amar, de despedir a un ser querido y mirar alrededor a quienes esperan por nuestro afecto; de todos esos momentos se compone la vida, y de cada una de nuestras acciones y las de otros se escriben las historias de las que se aprenden y seguiremos aprendiendo en todos los años que nos quedan por vivir.

Pensamientos e historias

Reflexiones necesarias

La mayoría de las veces nos detenemos a lamentar la puerta que está cerrada sin preocuparnos por otras que tenemos delante y que están abiertas de par en par.

En sentido general, las apariencias no muestran del todo la verdad de las cosas.

Aleja de ti lo que pueda provocarte contrariedad y pesimismo y acércate a todo y a todos los que te contagien con su alegría y le den aliento a tu corazón.

Defiende tus sueños y esfuérzate por conseguirlos, visita los sitios que te lleven a hacerlo. Lucha por lo que quieras ser, porque al menos, hasta donde sepamos, esta oportunidad de vivir es única.

El bienestar espiritual nos permite experimentar la felicidad. Los momentos difíciles de la vida fortalecen nuestro carácter. Cuando sufrimos, nos acercamos más a la humildad y podemos luego ponernos en el lugar del que se siente apesadumbrado.

Quien se siente afortunado quizás no ha encontrado lo exquisito de las cosas, pero sí ha sabido escoger lo mejor de lo que ha encontrado.

El futuro de mayor provecho para tu vida y la de los que te rodean dependerá de que pongas todo lo que te angustia en el capítulo del olvido. De lo contrario, vivirás lastimando tu corazón con el recuerdo de los fracasos pasados.

Ten en cuenta siempre la necesidad de agradecer a los que te permiten ver el lado positivo de las cosas, aun cuando hayas tocado fondo. Da las gracias a los que dejaron una huella en tu vida, a los que te hicieron sonreír, a todas aquellas personas que consideras imprescindibles.

No limites tu existencia a pensar solamente en cuántos instantes más te quedan por respirar. Considera también los momentos importantes, aquellos en los que por una fuerte emoción te han dejado por un instante sin respiro.

Creemos que las ideas que nos vienen a la mente son específicamente nuestras, pero no es así. Hay alguien más en el mundo que está pensando eso mismo al mismo tiempo que tú. Y también hay alguien que lo pensó un día antes, un mes antes, una década antes. Sí, te felicito, lo pensaste, pero ¿qué hiciste con esa idea? Eso es lo que nos diferencia. ¿Tomaste acción? ¿La compartiste? ¿Tuviste un impacto beneficioso sobre el mundo el en que vivimos?

Sólo así tu perseverancia, tu fe en la idea y tu pasión serán lo que hagan tuya la idea. En las cosas materiales es igual. ¿De qué te vale una casa bella si no la compartes con alguien y la conviertes en un hogar? Si tienes dinero y no lo compartes para ayudar a los demás, si tienes una obra de arte y no la enseñas a quienes la pueden apreciar, ¿de qué te vale? Lo que tenemos se nos da; la diferencia la marca aquel que decide hacer algo con ello.

Las cosas que creemos tener no son del todo nuestras

Mucho de lo que llevamos dentro son habilidades que nos fueron dadas para poder servir a los demás.

Observa con detenimiento a toda persona que aparece en tu vida porque esos encuentros ocurren por un propósito específico y no por casualidad. De la misma manera, piensa en que tú tampoco apareces en la vida de alguien sin que exista una razón.

Las posibilidades de dar y recibir son siempre infinitas, igual que las posibilidades de aprender, tanto de lo positivo como de lo negativo de otra persona. Observa, escucha, presta atención.

Si te detienes a lamentarte por lo que no ha salido tal y como esperabas, en lugar de recoger la enseñanza de esa experiencia, te estarás cubriendo los ojos con un velo que te impedirá ver el camino para continuar adelante.

Cuando no olvidamos la acción que nos hirió y no perdonamos a quien la cometió, no hacemos más que vivir para agrandar esa herida.

Muchas veces, cuando alguien no satisface nuestras expectativas, nos sentimos defraudados y hasta lastimados. Sin embargo, muchas veces la persona ni siquiera se percata de que su actitud nos ha dañado. Además, casi siempre que nos ofuscamos en nuestro punto de vista, nos rehusamos a intentar comprender cuáles eran las expectativas o las intenciones de esa otra persona.

Si alguien te asegura que su error fue sin intención,

créele y ofrécele la oportunidad de rectificarlo. No sólo harás bien con esa actitud sino que te sentirás reconfortado y dejarás un espacio abierto al perdón para cuando los papeles se inviertan y seas tú el equivocado.

Mientras tengas vida, ofrece lo mejor de ti, pues cuando ya no estés, no quedará más que el recuerdo de lo que hayas hecho y entregado.

Las bendiciones de Dios llegan a la tierra a través de aquellas personas que él escoge y están dispuestos a materializar en los demás la voluntad divina, por eso nunca niegues tu ayuda a una persona necesitada, ni vaciles en entregar todo lo bueno que de manera espontánea te nazca en beneficio de los demás.

La educación de los hijos

Algunos padres asumen que la responsabilidad de educar y brindarles cariño a los hijos va de la mano con la necesidad de exigirles deberes y enseñarles normas de convivencia.

De esta forma, los padres que le facilitan todo a su hijo y le dan todo lo que pide y exige, están en realidad criando a un niño que cree que el mundo le debe todo y que todo lo merece sin hacer ningún tipo de esfuerzo.

Si no les damos a nuestros hijos una estructura firme y coherente desde su más pequeña infancia, lo más probable es que crezcan pensándose el centro del mundo. Si no inculcas en tu hijo principios espirituales desde niño, cuando adquiera la mayoría de edad sólo podrás esperar de él que actúe por su libre albedrío.

Cuando asumimos por un niño las responsabilidades que a él corresponden, significa que le estamos enseñando a ser una persona irresponsable. Esto va desde el momento en el que le organizamos la habitación cuando deja todo tirado, hasta cuando accedemos a hacerle la cita con el dentista, le empacamos la maleta o le lavamos la ropa. Si desde pequeños no les enseñamos a los niños a valerse por sí mismos, se acostumbrarán a enfrentar el mundo con una actitud en que todo les es debido sin que tengan que hacer nada. Y esa es la peor lección que podemos darle a un hijo, pues no hay nada más apartado de la realidad.

Si pretendes satisfacer todos sus caprichos, le regalas todo cuanto quiere y no pones restricciones a lo que pide, queriendo suplir en él las carencias que quizás hayas tenido, le enseñarás a ser una persona egoísta.

Justificando sus malas acciones, respaldándolo incondicionalmente cuando pelea con un amigo o vecino y considerando siempre que tiene la razón de manera arbitraria desarrollará en tu hijo una falta absoluta de sentido de justicia.

Si actúas de esta forma con un niño, en el cual como padre has depositado tus esperanzas y mejores deseos, lo más probable es que con el tiempo sólo consigas una vida llena de pesares.

La mayor riqueza está en la forma que escojas para vivir

Un hombre acaudalado decidió mostrar a su hijo cómo era la vida de la gente pobre y lo envió a pasar una temporada en casa de una familia campesina.

Pasados los días, cuando el chico venía de regreso en el lujoso automóvil, el padre quiso saber qué le había parecido aquella vivencia, y el hijo muy pensativo le respondió que le fue bien. Entonces, reflexionando en voz alta le fue comentando:

—Nosotros sólo tenemos un perro en casa y ellos tienen cuatro. Nuestra piscina sólo alcanza a la mitad del jardín y ellos disfrutan de un río caudaloso e infinito, de aguas transparentes donde nadan junto a

los peces. Nosotros traemos a casa lámparas costosísimas y a ellos les basta con la luz del sol, las estrellas y la luna. El jardín de nuestra casa está rodeado de una cerca que nos impide ver el exterior; la extensión del de ellos alcanza hasta el horizonte. Para alimentarnos, nosotros tenemos que comprar la comida mientras ellos producen lo que comen. Nosotros para alegrarnos debemos escuchar música grabada en discos; ellos disfrutan de una perpetua sinfonía de pájaros y demás criaturas del monte. Nosotros necesitamos de la energía eléctrica para elaborar nuestros alimentos, mientras ellos disfrutan la delicia de la comida hecha con leña. Ellos no precisan más que de la amistad de sus vecinos para sentirse seguros y nosotros requerimos de altos muros y sistemas de alarmas para proteger nuestras riquezas. Nosotros dependemos de la computadora y el teléfono celular para conectarnos con el mundo; ellos viven perennemente conectados con las personas que quieren, con el verde de las plantas, los animales y la vida.

El padre quedó impresionado por los razonamientos de su hijo, al tiempo que éste le expresó su agradecimiento por haberle ofrecido la oportunidad de poder comparar las dos caras de la realidad, con lo cual el muchacho determinó lo que era realmente imprescindible.

En esta historia vemos reflejada la verdad del mundo en que vivimos, en el que el apego a las cosas materiales nos hace preferir tener un guardarropas más grande que las propias habitaciones a donde vamos a descansar o reunirnos con la familia.

En estos tiempos, el estatus social de la persona se determina por la marca del automóvil que conduce y el tipo de ropa con que suele vestir. Los ratos libres los invertimos en centros comerciales, comprando objetos que se repiten en otros que ya tenemos. Poseemos apartamentos, casas o mansiones que el trabajo y las obligaciones no nos permiten disfrutar y siempre estamos tan ocupados que ni siquiera sabemos quiénes son nuestros vecinos.

Quizás, si nos detuviéramos a disfrutar los sonidos de la naturaleza y en lugar de alumbrarnos con luces durante la noche, nos sentáramos bajo las estrellas a contemplar la inmensidad del firmamento, encontraríamos el tiempo para esos silencios necesarios en los que nuestra voz interior nos permite experimentar una sensación de paz fabulosa.

Cada uno escribe su propia historia

Si comparas tu vida con un libro, le puedes poner a la historia por título tu nombre y como prólogo el momento de tu llegada al mundo. El resto serán los pasajes que en el transcurso de tu existencia irás escribiendo.

Para el argumento de ese libro podrás elegir tu profesión, tu historia de amor, tus gustos o la religión que profesas y como líneas que respalden ese argumento estarán los tropiezos y los éxitos.

Todo lo que vaya ocurriendo engrosará las páginas de la historia y quedará reflejado ahí para siempre hasta que llegue el capítulo final. La valoración que puedan tener otros del libro que dejaste escrito dependerá de los propósitos y proyectos que acometiste, y también de la actitud con la que dispusiste tu tiempo al servicio del mundo. Por eso nunca dejes de esforzarte para entregar lo mejor que haya en ti. Lo que entregas es tu valor más importante y más duradero, el mejor regalo que le puedas dar al mundo.

Cada uno es capaz de entregar en la medida de su grandeza espiritual

Tu nobleza de sentimientos se expresa en la capacidad que muestres de servir a los demás, asimismo mientras te esfuerzas por entregar, ofrecer tu ayuda y ser solidario, tu ser interior se engrandece y te conviertes en una mejor persona que disfruta más de la vida y experimenta mayor felicidad.

Lo que se aprende durante la vida

Con los años se puede aprender…

…que es muy difícil defender a ultranza tus puntos de vista, sin que llegues a herir los sentimientos de otro.

…que no debes compararte con lo mejor que le sucede a los demás, sino analizar la forma en que actúas tú para que te sucedan mejores cosas.

…que en lugar de esperar que te amen, debes entregar tu amor sin condiciones a las personas que te inspiren ese sentimiento.

...que puede tomar años ganarse la confianza de alguien y que esa familiaridad se puede perder en tan sólo segundos.

¿Cuándo puedes considerar que has madurado?

Puedes considerar que has madurado...

...cuando eres capaz de controlar tus pensamientos, tus sentimientos y tus voluntades.

...cuando has conseguido disponer de paciencia para las cosas que lo requieran.

...cuando eres capaz de renunciar al placer efímero para esforzarte por un beneficio duradero.

...cuando perseveras hasta conseguir tus metas y sacas adelante los proyectos, a pesar de las dificultades.

...cuando tienes firmeza de criterios y puedes tomar decisiones y sostenerlas. Porque vivir constantemente explorando posibilidades y cambiando de planes no te permite concretar nada.

No dejarse abatir por los disgustos, las incomodidades y las frustraciones es también un rasgo de madurez. Ser humilde y capaz de reconocer los errores propios cuando uno se equivoca, al igual que aceptar una disculpa ante los errores ajenos, es un reflejo de nuestro juicio. También lo es el ser capaz de superar cualquier crisis y no poner excusas por las cosas que incumplimos.

Cuando una persona ha madurado, consigue la posibilidad de vivir en paz consigo misma, y con las personas y las cosas que la rodean.

Las cosas que el dinero no puede comprar

Aunque duermas en una cama lujosa, la concreción de TUS SUEÑOS sólo podrás tenerla, dependiendo de tus esfuerzos.

Aun con todos los libros del mundo, LA CULTURA sólo depende de las horas que le dediques al estudio.

Quizás puedes llenar tu despensa con ricos manjares, pero nunca comprar la satisfacción de una cena compartida en FAMILIA.

A lo mejor puedes invertir una fortuna en adquirir caros muebles y las más exclusivas decoraciones, sin embargo nunca llegar a disfrutar LA BELLEZA.

Si tus finanzas lo permiten, conseguirás comprar la casa más grande y lujosa que encuentres, pero esto no será suficiente para establecer UN HOGAR.

Podrás pagar los mejores médicos, pero no recobrar LA SALUD.

Puedes desempeñarte en una muy alta posición pero no tener LA SIMPATÍA de los demás.

Puedes viajar a los sitios más exóticos y extravagantes que existan, pero no DISFRUTAR y experimentar LA FELICIDAD.

Puedes comprar un gran crucifijo y colgarlo de tu cuello, pero no sentirte cerca de EL SALVADOR, porque las cosas imprescindibles que necesitamos Dios nos las da, y nada tenemos que pagar por ellas.

¿Conoces la felicidad?

Según el espíritu con el que enfrentes los problemas, podrás considerarte una persona feliz, porque ese estado de ánimo no depende de lo que tengas a tu alrededor, sino de lo que esté ocurriendo en tu interior.

Para experimentar el bienestar de la felicidad tenemos primero que ser valientes, pues resulta más fácil dejarse arrastrar por la depresión y la desesperación que sortear obstáculos para sentirnos bien con nosotros mismos.

Si decides ser feliz, de seguro lo conseguirás porque

estarlo depende sólo de nuestra voluntad para conseguirlo.

No te consideres feliz sólo haciendo lo que deseas, trata de encontrar el encanto en todo lo que haces.

No existe una receta o ecuación para alcanzar la felicidad; cada persona consigue la suya con los elementos que prefiere elegir.

La felicidad no es otra cosa que la forma en que decidas caminar por la vida.

La reconciliación puede ser el camino para los más graves conflictos

El colombiano Luis Eladio Pérez permanecía muy ligado a la vida social y política de su país. Había sido alcalde en una de sus localidades, también senador y finalmente alcanzó un escaño en el Congreso de Colombia. Era un hombre de familia y convivía tranquilamente con su esposa y dos hijos.

Un día funesto, la arbitrariedad social reinante en esa nación sudamericana propició un golpe drástico a su vida, y cayó víctima de los secuestros que tanto lastre han dejado a las familias colombianas. El cautiverio de Luis Eladio se extendió durante siete años.

Todo ese tiempo padeció lo que él mismo calificó como una pesadilla surrealista, de la cual se salvó milagrosamente, no sólo por encontrarse en manos de los guerrilleros, sino también por las precarias condiciones a las que estaba expuesto, en medio de una selva, con fieras y animales peligrosos al acecho, superando crisis de salud sin tener a mano ni una aspirina con que aliviar las fiebres y otros padecimientos peores. Alimentándose de lo que le suministraban sus captores, con la prohibición absoluta de hablar con otro ser humano y, durante dos años consecutivos, encadenado a los árboles por haberse descubierto sus intenciones de escapar.

Su testimonio resulta tan desgarrador como inspirador. Una vez que el propio protagonista de la tragedia la expone como ejemplo de lo que otras personas no deben sufrir y por lo que considera que una solución para su país es una negociación, en la que "debe predominar un sentimiento de reconciliación y perdón porque a causa del fenómeno de los secuestros, la población de un país se encuentra dividida, y tan víctimas de esa realidad son los que lo sufren como quienes lo realizan, ya que están bajo las órdenes de gente inescrupulosa que alimenta el odio de clases para enfrentar a personas de una misma nacionalidad desde hace cuatro décadas".

La posición de Luis Eladio Pérez, desde su reciente liberación en febrero de 2008, ha sido recorrer el mundo en busca de apoyo para una solución pacífica a la crisis de su país y ésta debería ser una perspectiva que podríamos aplicar a muchos de los conflictos en los que cotidianamente se ve envuelta la vida de cualquiera de nosotros.

Si en la vida hemos tenido la desgracia de tener que enfrentar situaciones dolorosísimas y extremas, lo mejor que podemos hacer es tomar acción y esforzarnos cada día no sólo en que no regresen a nuestras vidas, sino tampoco a las de los demás. A través de sus constantes esfuerzos por combatir el secuestro en Colombia, Luis Eladio Pérez está sanando sus heridas y también trabajando para evitárselas a los demás.

Cada día es una segunda oportunidad

Mercedes Ramírez es hoy una de las motivadoras personales que recorre escenarios en Estados Unidos y en todo el mundo, tratando de hacer ver que los motivos para experimentar la alegría de vivir los tenemos cada día al poder contemplar un nuevo amanecer.

Una desgarradora experiencia la llevó a convencerse de esta verdad, después de que en un accidente de avión en el que viajaban 164 personas, incluidos sus padres, ella fue una de los cuatro sobrevivientes.

Mercedes estaba cumpliendo veintiún años aquel 20 de diciembre de 1995, y abordó con sus padres un avión con destino a Cali, Colombia, para celebrar allí con el resto de sus parientes las fiestas de Navidad y el comienzo de un año nuevo.

"La ejecución errónea de un comando por parte del piloto provocó que la nave se elevara más de lo debido hasta que, fuera de control, se estrelló contra una elevada montaña y cuando desperté y fui encontrada, ya todo había sucedido", cuenta Mercedes.

Estuvo tres meses hospitalizada y varias cirugías fueron necesarias para salvarle la vida, pero al final venció el proceso de recuperación y salió sana y salva. Por eso hoy está agradecida con quienes la ayudaron y honra la memoria de sus padres, quienes un día partieron como inmigrantes en busca de una nueva vida para ofrecerle a ella un futuro mejor. Mercedes considera que su experiencia le ha enseñado que Dios no nos envía ninguna prueba de la cual no esté seguro que podamos salir. El hecho de haber sobrevivido a aquel accidente donde tantos sueños se perdieron, la hace sentir en la obligación de amar la vida y disfrutarla a plenitud.

La vida premió la fuerza de voluntad de Mercedes Ramírez y su irrenunciable optimismo con un buen esposo y una pareja de gemelos, que en el momento de escribirse esta historia se encontraban a la espera de recibir a dos hermanos más, ¡pues su madre está otra vez embarazada de gemelos!

La belleza está adentro

Hace muchos años, cuando era pequeña, de unos nueve o diez años, me gustaba sentarme con mi tía abuela, la tía Nena, que siempre me contaba muchas cosas de mis antepasados.

Me encantaba escucharla, pues me hacía cuentos de mis tíos y mi mamá cuando eran pequeños, y yo me deleitaba con sus historias.

Ya estando ella más débil y enferma, en su recámara

acostada, para mí era un tesoro increíble escucharla y siempre me sentaba arriba de un cofre de madera, viejo y no muy bonito.

Recuerdo que una vez le dije: "Cuánto quisiera poder ver todo eso que me cuentas y haber vivido en esos tiempos". Y para mis adentros me dije: "Ella se va a ir y yo me quedaré sin ninguna de sus historias o de sus recuerdos".

Pasó el tiempo, y la tía Nena dejó de hilvanar bien sus historias y entonces yo le pedía permiso y me ponía a buscar en las fotos esa bella vida de la cual me hizo partícipe. Había fotos autografiadas, con personas muy famosas, pues ella y su hermana habían sido concertistas.

En uno de sus momentos de claridad, sentada yo sobre el baúl, ella me empezó a hablar acerca de mi valor como persona, de los tesoros que me había dado Dios. Y yo, que siempre miraba hacia afuera, le pregunté: "Pero, ¿de qué está hablando?".

Ella me dijo que yo era la única que me sentaba a escucharla y que eso significaba que había compasión y curiosidad en mi corazón. Y entonces me pregunté: "¿Y eso es bueno?".

Como si me leyera la mente, ella me respondió: "Lo mejor siempre está en el interior".

Por supuesto, ella murió y hubo una gran tristeza en mi alma, pues no iba a poder escuchar más sus palabras.

Meses después, cuando se leyó el testamento, descubrí que la tía Nena había estipulado que me dieran a mí el baúl donde me sentaba durante nuestras tardes interminables. Lloré, pues la recordé mucho. Mi otra tía me dio una carta y la llave del baúl. En esa carta mi tía me decía que siempre buscara lo mejor de las personas dentro de ellas. Que me fijara en su contenido y no en la envoltura. Y que abriera el baúl, que allí encontraría más respuestas.

Limpiándome las lágrimas, lo hice, y me asombré al encontrar un tesoro: sus fotos en concierto, cartas que le habían mandado de otros países y ¡el árbol genealógico de la familia escrita con plumilla y tinta marrón! Además, prendas importantes de mis antepasados... aún tengo un collar de cornalina y oro, y las recetas de cocina escritas a mano por mi abuela, la cual mis hijos, que son sus bisnietos, todavía copian y utilizan cuando quieren hacer una comida especial.

Dentro de ese cofre viejo y feo, ¡cuánta belleza y qué tesoro el que descubrí!

Otra historia personal

Yo tenía una tía llamada María, que fue solterona hasta los cincuenta años, pues ella se puso la tarea —más bien se la impuso— de cuidar a los viejos de la familia para que murieran con dignidad y que no estuvieran solos. Ella era mi madrina y vivía a una cuadra de mi casa. Cuando yo me sentía cansada de estar en mi casa o con deseos de conversar con alguien, a veces para ventilar mis emociones, corría a su casa, pues allí siempre encontraba un remanso de paz y amor.

Tía María había tenido un pretendiente, Antonio, y él quería casarse con ella. Pero ella le dijo que tendría que esperar, pues ella no le iba a dar la carga de mi tía.

Así fue que después de la muerte de mi tía Nena él fue a donde la tía María y le dijo:

—Ya esperé y esperé y ahora que estás libre quiero casarme contigo.

Ya los dos eran mayores, sin embargo se casaron poco tiempo después... y fueron muy pero muy felices.

Así fue que Antonio se convirtió en el tío Antonio,

al cual mis hijos se le sentaban alrededor a escuchar sus historias de la juventud. Les contaba de cómo luchó para alcanzar lo que tuvo y tantas otras lecciones que ellos aún recuerdan.

Un día le pregunté a Antonio:

—¿Cómo pudiste tener esa paciencia para esperar por mi tía María?

En aquel entonces él tendría unos sesenta y algo de años y nunca se había casado. Pero sin dudar un instante me contestó con una sonrisa:

—Todo lo que vale en la vida, vale la pena esperar pacientemente por ello.

Recuerdo que lo comparó con un lingote de oro. El oro así no es bonito, ni puedes hacer nada con él, sino guardarlo. Pero después de trabajarlo, fundirlo y diseñarlo, adquiere un valor doble: el intrínseco y el extrínseco.

—Tu tía María es como un pedazo de carbón que con el tiempo se convirtió en un diamante, y yo quise esperar por ese diamante, pues como ella no hay ninguna.

Cuando Antonio murió, mi tía creía que su mundo se derrumbaba, pues la hizo más feliz que nadie, y sí, yo la cuidé hasta que murió, y muchas veces miro al cielo y le pido... porque ese diamante es como una estrellita que brilla en el cielo y me da luz y paz.

Otra última para compartir

Se cuenta de una historia hindú la cual relata que la persona es como una casa de cuatro cuartos; a saber:

> *En la vida hay un cuarto del aspecto físico, otro del mental, otro del emocional y otro del espiritual.*
>
> *Aquella historia me recordó la casa de un amigo, la cual tenía también cuatro cuartos, pero uno de ellos lo utilizaba de almacén para guardar lo que no usaba o vendía. Mi amigo siempre se ocupaba de que los otros cuartos estuvieran limpios y presentables, pues era una persona muy pulcra e inclinado a vivir una vida sana.*
>
> *Sin embargo, recuerdo que un día me dijo:*
>
> *—No me estoy sintiendo muy bien, tengo alergias, no entiendo por qué, pues sabes que llevo una vida muy sana.*
>
> *Recordé aquel cuarto cerrado, el cual seguro estaba lleno de polvo; y le dije algo que mi madre siempre*

tenía por costumbre de hacer, aun ahora en estos tiempos modernos del aire acondicionado y calefacción eléctrica. Ella siempre abría todas las ventanas y las puertas una vez a la semana y decía: "Hay que abrir las puertas y ventanas para cambiar el aire y limpiarlo; es importante para la ventilación".

Y eso fue exactamente lo que hicimos aquel día en que mi amigo no se estaba sintiendo muy bien. Le ayudé a tirar cosas que decía que no necesitaba y otras las regalamos, pues no se iban a usar.

Al poco tiempo se mejoró, y desde entonces se quedó con la costumbre de, por lo menos una vez a la semana, abrir las ventanas y sacar lo que no se usa o no se necesita.

Volviendo a esa casa de cuatro cuartos de la que habla el cuento hindú, tenemos la tendencia de pasar mucho tiempo en un solo cuarto, ya sea el físico, el mental, el emocional o el espiritual, pero a menos que vayamos a cada uno de los cuartos cada día, aunque sea para ventilarlo, no podremos ser una persona completamente sana y equilibrada.

Últimas palabras

Antes de despedirme, quiero dejarte con mi oración preferida, para que la leas y la repitas cada vez que necesites encontrar la fuerza para seguir adelante en busca de tus sueños. Recuerda, esta es tu vida y la de nadie más; por eso debes trabajar para que sea exactamente como te la soñaste.

Oración de la Serenidad

Dios, concédeme la
***Serenidad** para aceptar*
las cosas que no
puedo cambiar...
***Valor** para cambiar*
aquellas que puedo y
***Sabiduría** para reconocer*
la diferencia...

Agradecimientos

¡Bueno, al fin! Lo que tanta gente me ha pedido: los pensamientos, reflexiones y recuerdos que he recibido de tantos amigos, radioescuchas y familiares, quienes día a día me hacen buscar en mis correos electrónicos esas palabras que todos necesitamos diariamente para hacer nuestra vida mucho más positiva y funcional.

Todos pasamos por momentos complicados en la vida. Necesitamos palabras que nos lleven y nos iluminen en el difícil camino de recomenzar o de tomar decisiones, que nos hagan vivir la vida con más pasión y alegría.

Este compendio de reflexiones ha llevado un tiempo, ya que en el proceso hemos tenido que hacer investigaciones y reconocer a los autores de los mismos.

Por mi parte, quiero agradecer a los muchos "ángeles" que cada día me ayudan a llevar un mensaje de paz y de fortaleza. Sé que ustedes han sido enviados para protegerme, guiarme, respaldarme y, muchas veces, amarme.

Primero quiero agradecer a mi agente Diane Stockwell y a mi editora Milena Alberti, por creer en mí y en la importancia del "mensaje". Y a Andrea Montejo, la que tuvo que finalizar, arreglar y limpiar este libro. Gracias por poner palabras a mi corazón.

Reconocer la ayuda tan valiosa de mi amigo Omar Marchant, que a diario me llena de mensajes tan bonitos.

A Lourdes Prieto Zegri, amiga desde la niñez, quien desde la isla del encanto, día a día, mes a mes, me manda sus bellas reflexiones. A Cecilia La Villa Travieso pues también llenó mi correo electrónico con tantos mensajes positivos.

A Anibeth Canelas, a quien agradezco no sólo su ayuda en el estudio de la radio sino también su respaldo, pues me ha ayudado tremendamente en la organización de este libro.

A Iliana Lavastida, la cual no sólo me dio su apoyo diariamente, en la recopilación de muchos de los capítulos, sino también sus ideas como escritora.

Agradezco a mi familia por su continua paciencia, por darme el espacio necesario para que este libro se hiciera una realidad.

A mis radioescuchas, por el interés con que cada día escuchan el programa de la radio en Univision, y cuyas instancias lo he escrito y a quien dedico este libro. Mi mayor deseo es que en estas páginas puedan encontrar la paz que mora dentro de ustedes mismos.

Y al fin, agradezco a mi Dios Todopoderoso, por dejarme reconocer en las páginas de este libro un poco de mi propio ser.

Sentidos agradecimientos a los siguientes autores y las siguientes compañías por su consentimiento de reimprimir estos textos previamente publicados:

"La actitud según el lado en que miremos las cosas" (pág. 33) fue tomado de "Los bordados de Dios" ("God's Embroidery") por Jack Hyles de su libro *Grace and Truth.* Impreso con permiso de Hyles Publications, copyright © 1975.

"En el camino aprendí" (pág. 56) fue tomado de "En el camino aprendí" por Rafael Amor. Impreso con permiso del autor.

"Danza lenta" (pág. 62) fue tomado de "Slow Dance" por David L. Weatherford. Impreso con permiso del autor.

"El lápiz" (pág. 65) por Paulo Coelho fue tomado de la publicación *Ser como el río que fluye* de Random House Mondadori, copyright © 2006 Paulo Coelho.

"Aceptar" ("Acceptance") (pág. 94) por Regina Hill fue tomado de la publicación *Ideals for Women to Live By* de Blue Mountain Arts®, copyright © 2006 por Blue Mountain Arts, Inc. Impreso con permiso. Todos los derechos reservados.

"Paracaídas" (pág. 98) está basado en "Packing Parachutes" por Captain Charlie Plumb, www.CharliePlumb.com. Impreso con permiso del autor.

"Quiérete a ti mismo" (pág. 159) fue tomado del ensayo "No estás deprimido, estás distraído" por Facundo Cabral. Impreso con permiso del autor.

"La fortaleza espiritual es nuestra mejor defensa" (pág. 180) fue traducido del cuento "Why Victor Slept So Well" ("Por qué Víctor durmió tan bien") por Arthur S. Maxwell. Fue tomado de la página 95 del primer volumen de *Uncle Arthur's Bedtime Stories,* publicado por *The Review and Herald Publishing Association* en 1964. Impreso con permiso de Herederos de Arthur S. Maxwell. Todos los derechos reservados.

"Que todos tus sueños se hagan realidad" ("May All Your Dreams Come True") (pág. 185) por Collin McCarty fue tomado de la publicación *Keep Believing in Yourself and Your Dreams* de Blue Mountain Arts®, copyright © 2008 por Blue Mountain Arts, Inc. Impreso con permiso. Todos los derechos reservados.

TAMBIÉN DE LA DRA. ISABEL

LOS 7 PASOS PARA EL ÉXITO EN LA VIDA

Cómo lograr tus metas y alcanzar tus sueños

La Dra. Isabel sabe lo que hace falta para triunfar. Y no importa cómo definas el éxito —establecer tu propio negocio, comprar tu primera casa, obtener una mejor educación— en *Los 7 pasos para el éxito en la vida*, ella te enseña cómo llegar allí. Legiones de radioescuchas fieles confían en los consejos sensatos y comprensivos de la Dra. Isabel. No dejes para mañana el triunfo y éxito que tanto anhelas hoy —todo viaje comienza con un primer paso.

Autoayuda/978-0-307-27952-1

LOS 7 PASOS PARA EL ÉXITO EN EL AMOR

Cómo crear la intimidad física y emocional necesaria para una relación feliz y sana

En sus otros libros, la Dra. Isabel te enseñó cómo preparar el camino hacia un mejor futuro y encontrar la verdadera felicidad. Ahora, con *Los 7 pasos para el éxito en el amor*, la anfitriona del programa de consejos más popular en Univision Radio te ofrece la guía imprescindible para lograr una relación de pareja feliz y sana en tan sólo siete pasos. ¿Te quejas de tener mala suerte en el amor? ¿Quieres mejorar tu relación actual? ¡Decídete a fortalecer esos lazos de amor con la ayuda de la Dra. Isabel!

Autoayuda/978-0-307-27953-8

TAMBIÉN DISPONIBLE

Los 7 pasos para ser más feliz, 978-0-307-27657-5

El cuaderno acompañante de Los 7 pasos para ser más feliz, 978-0-307-27658-2

VINTAGE ESPAÑOL
Disponible en su librería favorita, o visite
www.grupodelectura.com